# A GESTÃO DOS SUPÉRFLUOS

## NEOLIBERALISMO E PRISÃO-DEPÓSITO

CARLOS EDUARDO FIGUEIREDO



mórula
EDITORIAL

REVISÃO
Milene Couto
Natalia von Korsch

FOTO (CAPA)
"Ein paar schuhe" de Van Gogh

PROJETO GRÁFICO
Patrícia Oliveira

CIP-BRASIL. CATALOGAÇÃO NA PUBLICAÇÃO
SINDICATO NACIONAL DOS EDITORES DE LIVROS, RJ
Elaborado por Leandra Felix Candido — CRB 7/6135

---

F489g Figueiredo, Carlos Eduardo

A gestão dos supérfluos : neoliberalismo e prisão-depósito / Carlos Eduardo Figueiredo. - 1. ed. - Rio de Janeiro : Mórula, 2021.
208 p. ; 21 cm.

Inclui bibliografia
ISBN 978-65-86464-62-7

1. Direito penitenciário - Brasil. 2. Prisões - Brasil. 3. Sistema penitenciário - Brasil - Avaliação. 4. Condições sociais - Brasil. I. Título.

21-74434 CDU: 343.26:316.4(81)

---

Rua Teotônio Regadas 26 sala 904
20021_360 _ Lapa _ Rio de Janeiro _ RJ
www.morula.com.br _ contato@morula.com.br
/morulaeditorial /morula_editorial

SUMÁRIO

# APRESENTAÇÃO

UMA DETALHADA REPORTAGEM do *Los Angeles Times* sobre a penitenciária de Pelican Bay, na Califórnia, há três décadas, chamou a atenção de Zygmunt Bauman, que na época andava lendo Pierre Bourdieu, Loïc Wacquant e Nils Christie. O filósofo da modernidade líquida percebeu claramente o reflexo das transformações econômicas nas funções e no estilo da pena privativa de liberdade. As velhas mentiras preventivo-especiais (que eram mentiras, porém impediam uma gestão prisional conformada com o sepultamento em vida do condenado) eram abandonadas mais ou menos explicitamente em favor de uma execução neutralizante. Agora, pontuava Bauman, "o confinamento é antes uma alternativa ao emprego, uma maneira de neutralizar parcela considerável da população que não é necessária à produção". Começava a sair de cena a prisão-fábrica, substituída pela prisão-depósito, sobre a qual Carlos Eduardo Figueiredo compartilha sua experiência e sua reflexão.

O trabalho contempla a "clara transformação" pela qual o sistema penal brasileiro vem passando, não só inscrevendo-a no quadro da macroeconomia neoliberal, mas também observando as subjetivações que se impõem a partir da "lógica concorrencial", da cotovelada por espaço como pedra fundamental da sociabilidade humana. A crítica do autor à realidade das execuções penais no Brasil traz a legitimidade de quem, por mais de uma década, exerceu judicatura precisamente nesse campo. Ele assinala, certeiramente, o excesso de prisões provisórias como "característica central de política criminal fundada no risco"; pois, após a Índia e ao lado da Turquia e do México, estamos na casa dos 40% de presos provisórios, dos quais algo em torno de dois terços são de suspeitos ou acusados pretos.

O fato de provir estudo tão qualificado de um magistrado é também motivo para saudá-lo. Nesses tempos sombrios, setores poderosos da mídia empreendem uma curiosa divisão dos juízes entre garantistas (como se algum juiz pudesse desconsiderar as garantias individuais) e punitivistas. Criou-se uma mística do juiz truculento e policialesco, que nem o advento de luz sobre os porões da Lava Jato conseguiu diluir. Com este trabalho, Carlos Eduardo Figueiredo não só se legitima academicamente, como também ingressa no grupo de juízes comprometidos com as transformações sociais e econômicas de que nosso povo tanto necessita.

**NILO BATISTA**
Professor Titular da UERJ e da UFRJ

# INTRODUÇÃO

ERA APENAS UM CÔMODO, incômodo feito a jaula dos felinos do Jardim Zoológico do Rio de Janeiro com a qual o presídio chamado Galpão da Quinta fazia fronteira. Não! Na verdade, não. De semelhante só tínhamos as grades. No zoológico havia jardim, árvores, um pequeno lago, grama e brinquedos. No isolamento do Galpão da Quinta, tínhamos somente um quadrado de dois metros por... não sei, a escuridão me impedia de olhar o limite da cela.

— O que é aquilo? Tem algo se mexendo?

Uma silhueta foge do negrume, aproximando-se da porta da cela. Sua pele negra, árida pela neblina do cimento; seu cabelo eivado pela falta de banho; suas unhas salientes pelo passar do tempo; e seus olhos amarelos pela falta de luz me abalaram. Estava ali na minha frente um humano, escancarando como podemos ser desumanos.

Quanto tempo será que um animal permaneceria naquele local?

Essa é uma das muitas tristes imagens com que podemos nos deparar quando olhamos para o cárcere.

A narrativa acima é baseada em fatos reais (ou melhor, surreais), frutos do exercício da minha atividade como Juiz-corregedor do sistema penitenciário do estado do Rio de Janeiro. Desde 2001, exerço a função de juiz de direito em nosso estado, atuando na área criminal — em especial, na Vara de Execuções Penais, onde estive por mais de dez anos, responsável pela execução e pela fiscalização de todas as penas cumpridas em nossos presídios. No período de 2009 a 2013, como Juiz-corregedor do sistema penitenciário, tive a oportunidade de viver diariamente dentro das unidades prisionais, sentindo o ambiente e observando o comportamento dos que ali se encontravam. Esse trabalho de campo me possibilitou conhecer o mundo social do preso, subjetivamente vivido por ele no interior da prisão, bem como entender a dinâmica que rege o cárcere, suas regras simbólicas, o contato com os agentes de Estado, a peregrinação dos familiares e, principalmente, conhecer muitas histórias de vidas que se encontravam confinadas. Durante esses 20 anos de carreira como magistrado com atuação na área criminal, pesquisador do Fórum de Execuções Penais da Escola da Magistratura do Rio de Janeiro e professor de direito penal, notei uma clara transformação no papel que o poder punitivo brasileiro vem desempenhando. Daí o surgimento do interesse no objeto da presente investigação: analisar as determinações do incremento da legislação penal punitiva e da explosão da população carcerária, a partir de 1990, no Brasil.

Pretendemos desenvolver um raciocínio para identificar e explicar as causas e mudanças estruturais que levaram ao surgimento de um Estado penal fundado no controle e na neutralização da parcela pauperizada da sociedade. O estudo consistirá no exame da reformatação do Estado pós-moderno, guiado pela lógica neoliberal de mercado, que impõe uma expansão desenfreada do campo penal, uma vez que utiliza a prisão como um projeto político necessário para fomentar seu avanço — a nova racionalidade neoliberal global, causadora de uma desigualdade socioeconômica sem precedentes históricos e criadora de uma nova categoria de pessoas completamente descartáveis e indesejadas. E, partindo daí, vai examinar como essa mesma racionalidade utiliza o poder punitivo e as políticas de controle protofascistas com o escopo de gerir esses indivíduos e o corpo social.

Nosso argumento será o de que não houve coincidência entre as alterações ocorridas nos campos político, econômico e social, decorrentes da implementação do neoliberalismo, e o surgimento de novas políticas criminais de encarceramento, com o aumento exponencial de pessoas no cárcere. Defenderemos que esse crescimento demográfico no sistema prisional guarda estreita relação com a necessidade de gerenciamento do poder indesejado gerado pela ideologia neoliberal. Iniciamos esta análise partindo das realidades estadunidense e europeia, tendo em vista que, em certa medida, os fenômenos que aconteceram nesses centros se repetiram na América Latina, sobretudo no Brasil. A compreensão da onda de aprisionamento no país a partir da última década do século XX atravessa o entendimento da vertiginosa escalada da população prisional nos Estados Unidos 20 anos antes. Como veremos, as semelhanças são inafastáveis.

Desde a última quadra do século XX, a marcha mundial vem sofrendo uma alteração drástica. Implementou-se uma cruzada para a derrubada do Estado de bem-estar social, capitaneada pelos Estados Unidos e pelo Reino Unido, com o escopo de estabelecer uma política de globalização neoliberal. Nesse processo de reengenharia do Estado, restou evidente a atrofia brutal do setor social, no qual, praticamente, eliminaram-se *standards* mínimos de solidariedade. Em outras palavras, o neoliberalismo global propôs e continua propondo, em linhas gerais, a desregulamentação do mercado, a gestão militarizada da segurança e o individualismo.

Destarte, iniciou-se uma cruzada planetária para implementação e sedimentação da racionalidade neoliberal, e testemunhamos uma verdadeira revolução tecnológica de comunicação e integração, chamada de globalização.

O primeiro registro que deve ser feito, para de plano espancar uma visão simplista que se atribui ao neoliberalismo, é no sentido de afastar a ideia de que o termo compreende uma forma de restauração do *laissez-faire*, reduzindo-o a uma crença na naturalidade do mercado, representado apenas por práticas econômicas, monetaristas ou de austeridade. Vale dizer que isso significaria somente uma mercantilização do mundo. Ao revés, a racionalidade neoliberal representa uma nova "lógica normativa global", trata-se de uma "questão estratégica universal", uma "nova razão do mundo", como afirmam Pierre Dardot e Christian Laval (2016).

O neoliberalismo, antes e além de ser uma ideologia econômica (o que também é), é uma razão de ser, que pretende criar normas de governo dos outros e de si, e atua na regulamentação da nossa existência, ou seja, redimensiona os comportamentos, os sentimentos e o jeito com que nos relacionamos uns com os outros.

Essa ideia de nova racionalidade política mundial se extrai do conceito de "governamentalidade" de Michel Foucault, que, em seu livro *Nascimento da Biopolítica* (curso ministrado no *Collège de France* em 1978-1979), quase desenvolvendo uma previsão futurista, delimita o nascimento, a evolução e o conteúdo do que se entenderia por neoliberalismo, em suas diversas formas e oriundo de uma constante metamorfose histórica. Diz Foucault (2018, p. 19): "Tentei descrever o aparecimento de um certo tipo de racionalidade prática governamental, um certo tipo de racionalidade que permitiria reger a maneira de governar algo [...]".

Com o avanço do totalitarismo e a perspectiva de superar as insatisfações que muitos nutriam com o programa liberal, a partir do colóquio Walter Lippmann — que ocorreu na cidade de Paris, em 1938 —, surge a racionalidade neoliberal. Essa nova razão foi cunhada por meio da discussão entre vários autores e escolas, desde os de tendências ordoliberais até os que pleiteavam o retorno aos clássicos. Entretanto, prevaleceu a escola austríaca, capitaneada por von Mises e Hayek. Vemos em David Harvey (2014) que as ideias neoliberais foram maturadas e metamorfoseadas durante muitos anos. Até que nos idos das décadas de 1970 e 1980, principalmente com as intervenções de Ronald Reagan (nos EUA), Margareth Thatcher (na Grã-Bretanha) e Pinochet (no Chile), o programa neoliberal, finalmente, ganhou protagonismo.

Nesse contexto, o escopo central da política neoliberal era aniquilar as práticas assistenciais e intervencionistas do *Welfare State*, priorizando "as capacidades empreendedoras individuais no âmbito de uma estrutura institucional caracterizada por sólidos direitos à propriedade privada, livres mercados e livres comércios" (Harvey, 2014, p. 32). O plano neoliberal consiste em dar fim ao Estado de bem-estar social, implementando o "império do mercado" por meio da sujeição social.

A primeira artimanha utilizada pela política neoliberal é o discurso de que os indivíduos deveriam ter coragem para assumir os riscos, saindo debaixo das asas do Estado-Providência e inovando por meio do empreendedorismo. Como diz Vladimir Safatle (2018, p. 26), "assumir riscos no livre-mercado apareceu, assim, como a expressão maior da maturidade civil, como saída da minoridade a que estavam submetidos aqueles prematuramente infantilizados pela demanda de amparo do Estado-Providência".

O desequilíbrio resultante de um livre mercado absolutamente desregulamentado — vale esclarecer, com intervenção estatal apenas para assegurar a liberdade concorrencial total — resta-se evidenciado. Os grandes conglomerados econômicos cada vez mais ficam ricos, enquanto o indivíduo caminha a passos largos para o endividamento e a precarização completa. Tzvetan Todorov (2017, p. 153), com maestria, ilustra tal situação: "A liberdade que as galinhas têm de atacar a raposa é uma piada, pois não têm essa capacidade; a liberdade da raposa é perigosa porque é mais forte".

Um outro aspecto que a "mão invisível" do mercado livre acarreta é a necessidade de exacerbação do poder punitivo estatal e sua consequente otimização. Nas palavras de Löic Wacquant (2015b, p. 32), é a afirmação do "punho de ferro do Estado penal". Isso decorre da completa insegurança social e da precarização às quais as classes populares são submetidas.

Além da destruição do Estado social e da consagração do livre mercado, a racionalidade neoliberal tem outras duas características: a implementação da lógica da concorrência, que se torna o princípio fundamental e diretor da vida em sociedade, e a adoção do modelo de empresa que se impõe a todos, principalmente aos indivíduos.

O neoliberalismo "emprega técnicas de poder inéditas sobre as condutas e as subjetividades" (Dardot; Laval, 2016, p. 21). A primeira delas é, como dito, o estabelecimento de uma disputa constante em busca de um suposto êxito contra seu "oponente". Essa lógica concorrencial é a causa do abandono de qualquer sentimento de solidariedade no seio da sociedade pós-moderna. A busca interminável pela vitória, na disputa ocorrida no campo econômico, despe o sujeito de qualquer cuidado para com o outro.

Nesse mesmo diapasão, está o modelo-empresa utilizado como padrão de conduta em todas as situações, tanto nas empresas como nos indivíduos, que estão sujeitados a essa nova técnica de si. A busca incessante pelo desempenho faz com que se sujeitem a si próprios. Não há mais necessidade de um controlador, o indivíduo é seu fiscal, inaugura-se um panóptico no interior de cada um que exerce um controle ininterrupto e exauriente. De acordo com Gilles Deleuze, o regime disciplinar proposto por Michel Foucault tinha como objeto o "corpo", era um regime biopolítico. Diferentemente, a ordem neoliberal atinge a "alma", destarte, é a psicopolítica, conforme sustenta Byung Chul Han (2018), que configura o governo neoliberal.

Assim, o abandono das práticas keynesianas, com a implementação do livre mercado e de uma ideologia de Estado mínimo e a subjetivação dos indivíduos e de suas relações por meio de uma lógica concorrencial e de um modelo de empresa, aniquila a possibilidade de qualquer sentimento de solidariedade social, além de fomentar uma desigualdade brutal entre uma minoria que cada vez mais retém o capital e uma maioria completamente pauperizada.

O neoliberalismo multiplica a pobreza e a precarização da população, criando uma nova categoria de pessoas absolutamente descartáveis e supérfluas para a sociedade pós-moderna. Portanto, a questão que se coloca é: o que fazer com os supérfluos indesejados?

A resposta é a erupção do Estado penal, para contenção e neutralização desse excedente populacional. O poder punitivo passa a ter a função de gerir o corpo social por meio da utilização de algoritmos e padrões de cálculos atuariais que traçam prognósticos e rotulam os grupos perigosos que devem ser controlados. Ao mesmo tempo, a pena da prisão deixa de ter qualquer caráter de recuperação do preso, passando a figurar como mero depósito de pessoas. Como já mencionamos, esse fato gerou a explosão carcerária nos países centrais a partir de 1970 — e, no Brasil, a contar da redemocratização (marco de recorte temporal da nossa investigação).

Ao longo do presente estudo, pretendemos demonstrar que a enorme semelhança entre os fatos, especialmente nos EUA e no Brasil, demonstra as determinações centrais da alteração dos ideais de criminalização e do aumento da utilização do cárcere.

No primeiro capítulo, vamos elaborar de maneira mais sistemática a articulação entre a consolidação de uma política neoliberal globalizada, o surgimento de uma população precarizada e a substituição do Estado social por um Estado penal.

Assim, realizaremos uma análise crítica e profunda da racionalidade neoliberal, que representa não somente uma modificação na ordem econômica, mas o estabelecimento de uma nova subjetividade e do governo dessas novas formas de vida. Abordaremos também, aqui, a globalização, em especial nos seus aspectos econômico e assimétrico. Esses dois fenômenos amalgamados geram uma gigantesca desigualdade socioeconômica (talvez a maior já vista) e, com isso, criam uma categoria de pessoas (ou "não pessoas") que denominamos de supérfluas. Em consequência de tal quadro, sustentam uma nova ordem que visa ao abandono do Estado social e de suas políticas assistencialistas, propondo, em substituição, o surgimento de um Estado penal securitário.

Em razão desse cenário, surgem duas questões que precisam ser enfrentadas, o que faremos nos próximos dois capítulos. A primeira: qual será atualmente a política estatal adotada em relação a essa multidão de pessoas supérfluas? E a segunda: quais serão as estratégias sociais utilizadas pela agência que domina o campo burocrático para efetivação da técnica de Estado adotada na pergunta anterior?

No segundo capítulo, pretendemos examinar qual é, na atualidade, a política estatal dirigida à multidão precarizada de supérfluos, criada pela ideologia de mercado, como desenhado no capítulo anterior. Para tanto, demonstraremos que a prisão é o dispositivo de poder e controle utilizado para gerir tal grupo de pessoas — como se pode extrair da explosão da população carcerária a partir do recorte temporal eleito para a pesquisa e pelo perfil dos detentos, que demonstra a seletividade do aparelho punitivo, direcionada para a categoria de "pessoas inúteis".

O capítulo se dividirá em três pontos principais, quais sejam: o estudo da prisão como uma máquina estatal estrategicamente utilizada, de forma capilar, para controle da população; o exame crítico acerca do encarceramento em massa da força de trabalho excedente, utilizando a economia política do cárcere, tanto no período do fordismo quanto no pós-fordismo; e a análise do modelo prisão-depósito, que entendemos ser a nova racionalidade do cárcere, promovendo, por meio da utilização da lógica do "armazenamento", a "estocagem" de pessoas como técnica estatal neoliberal para contenção e controle dos indesejados.

Desejamos realizar uma reflexão crítica do encarceramento em massa da multidão de supérfluos oriunda do pós-fordismo. Abandonando os ideais das chamadas políticas "res" (que visam à reinserção do preso no convívio social e no mercado de trabalho), próprias do período fordista, fulcrado no panoptismo e no disciplinamento dos corpos, a penalogia aplicada no pós-fordismo tem como fundamento o mecanismo do "cárcere atuarial". Ou seja, a utilização de representações probabilísticas que visam identificar grupos de risco oriundos do *surplus* da força de trabalho desqualificada, com o fim de neutralizá-los, prescindindo de qualquer escopo reeducativo.

É importante registrar que esse modelo, informado pela lógica do armazenamento, de acordo com o que defendemos, pode ser visto nas várias modalidades ligadas à detenção: o encarceramento decorrente de processos criminais; a detenção em presídios (como o de Guantánamo) destinados a combater hipóteses como o terrorismo; os centros de detenções para imigrantes em situação irregular; e os campos de refugiados. Em todas essas quatro situações, a lógica é a mesma.

Por fim, no terceiro capítulo, realizaremos uma pesquisa empírica que demonstra o endurecimento da política criminal brasileira e a reorganização do campo burocrático de nosso estado, com o direcionamento de mais verba para o sistema penal e a explosão da população carcerária, que guarda um especial perfil de seus integrantes. Essa análise teve como marco inicial o recorte temporal estabelecido na década de 1990.

Buscamos identificar, ainda, os pontos de semelhança com a transformação do cenário prisional e social estadunidense que ocorreu no final de 1970, aproximadamente 20 anos antes da ruptura em nosso país. A repetição fenomênica, com muitos pontos de semelhança, contribui para demonstrar a tendência mundial de exacerbação do controle da população supérflua por meio da criminalização e do cárcere, bem como apontar a lógica neoliberal como principal determinação causal da adoção dessa política nefasta.

# A GLOBALIZAÇÃO NEOLIBERAL E O SURGIMENTO DA VIDA SUPÉRFLUA

NO FINAL DE 2016, Achille Mbembe chamava a atenção para o "instante de perigo"[1] que atravessamos:

> Outro longo e mortal jogo começou. O principal choque da primeira metade do século XXI não será entre religiões ou civilizações. Será entre a democracia liberal e o capitalismo neoliberal, entre o governo das finanças e o governo do povo, entre o humanismo e o niilismo. [...] A crescente bifurcação entre a democracia e o capital é a nova ameaça para a civilização (2017a).

A nova razão neoliberal (Dardot; Laval, 2016, p. 14) promoveu uma clivagem radical na sociedade contemporânea, atingindo vários aspectos das dinâmicas social e individual, como o estabelecimento de um capitalismo financeiro globalizado e a reconfiguração do papel do Estado no exercício do governo das pessoas. E, acima de tudo, operou uma transformação no sujeito, criando o que Michel Foucault denominou de "empresário de si mesmo" (2018, p. 286). Por outro lado, fez surgir o indivíduo supérfluo, aquele que se mostra imprestável e indesejado na modernidade líquida[2].

---

1 A expressão "instante de perigo" foi utilizada por Walter Benjamin na tese VI em "Sobre o conceito de história", que serve de inspiração para o presente trabalho. Afirma Benjamin: "O dom de atear ao passado a centelha da esperança pertence somente àquele historiador que está perpassado pela convicção de que também os mortos não estarão seguros diante do inimigo, se ele for vitorioso. E esse inimigo não tem cessado de vencer" (Löwy, 2005, p. 65).

2 Segundo Zygmunt Bauman, "a passagem da fase 'sólida' da modernidade para a 'líquida' — ou seja, para uma condição em que as organizações sociais (estruturas

A desigualdade assola o mundo: "Durante as últimas três décadas tem havido crescente desigualdade e polarização da distribuição da riqueza" (Castells, 2014, p. 89). Esse movimento transforma o cenário social na medida em que produz o desmantelamento da "classe média"[3], que ocorre em virtude de sua absoluta precarização e abandono. A sociedade passa, então, a ter uma nova configuração, representada por dois extremos: de um lado, uma minoria que detém e controla a circulação do capital; do outro, uma maioria esmagadora da população mundial que vive na pobreza extrema.

Salta aos olhos a pauperização que assola o planeta, o emprego tornando-se cada vez mais fluido e qualificado, gerando uma massa de excluídos sem nenhuma atividade laborativa remunerada. A pobreza, a fome e o desamparo aumentam assustadoramente. As doenças alastram-se, em razão da falta de moradia e de serviços sanitários básicos, gerando uma mortandade de grandes proporções.

Nesse cenário, ganha espaço uma figura com características particulares, surge um personagem que não é mais representado pelo explorado ou mesmo pelo desempregado. A desigualdade aguda está distante de instaurar uma nova fase de luta de classes. Na realidade, restaura o desejo segregacionista e o darwinismo social em que ganham força ideias racistas, xenófobas, ultranacionalistas, dentre outras. Assim, aparece a figura do excluído — não mais aquele alijado das relações sociais temporariamente, mas agora de maneira definitiva.

---

que limitam as escolhas individuais, instituições que asseguram a repetição de rotinas, padrões de comportamento aceitável) não podem mais manter sua forma por muito tempo (nem se espera que o façam), pois se decompõem e se dissolvem mais rápido que o tempo que leva para moldá-las e, uma vez reorganizadas, para que se estabeleçam. É pouco provável que essas formas, quer já presentes ou apenas vislumbradas, tenham tempo suficiente para se estabelecer, e elas não podem servir de arcabouços de referência para as ações humanas, assim como para as estratégias existenciais a longo prazo, em razão de sua expectativa de vida curta: com efeito, uma expectativa mais curta que o tempo que leva para desenvolver uma estratégia coesa e consistente, e ainda mais curta que o necessário para a realização de um 'projeto de vida' individual" (2007, p. 7).

3 A respeito do conceito de classe média e de seu esgotamento no cenário mundial, vide Guilluy (2020).

A presença do excluído nas margens da sociedade traz consigo o medo e faz nascer em muitos o desejo pela endogamia. O medo da violência física e da despossessão dos bens faz com que as pessoas organizem as novas formas de vida social obedecendo ao que Christian Dunker (2015) chamou de "lógica do condomínio", na qual os muros fazem a separação entre "nós" e os indesejados. Pretende-se viver em uma "comunidade sem estrangeiros" (Mbembe, 2017b, p. 15).

Além da desigualdade, outro ponto central na transformação do modo de vida contemporâneo é o desmantelamento das políticas sociais causadas pela racionalidade neoliberal. Como veremos mais detalhadamente a seguir, um dos escopos do neoliberalismo é o combate ao Estado de bem-estar social, que se estabeleceu, firmemente, no pós-guerra. As políticas keynesianas e o *New Deal* estadunidense foram taxados pelos autores neoliberais como um entrave para o crescimento econômico em razão dos elevados encargos que geravam. Destarte, o fim do Estado-providência, e suas práticas sociais de socorro aos mais carentes, deixou completamente desamparados milhões de indivíduos que necessitavam do suporte.

Diante desse quadro inicial, a grande questão que se coloca é a compatibilidade do modelo de capitalismo neoliberal com a democracia liberal, uma vez que tal condição refletirá no tratamento dispensado aos excluídos, aqueles absolutamente carentes de qualquer suporte.

A incompatibilidade entre o capitalismo financeiro neoliberal e a democracia é evidente e, como já registrado, é o grande dilema que ameaça a sociedade contemporânea.

"A igualdade política é a base da democracia", insiste Wendy Brown (2019, p. 33). Com efeito, podemos afirmar a presença de um modelo democrático liberal em que se constate o respeito aos direitos fundamentais das pessoas; no qual o Estado submeta-se ao império da lei; em que haja eleição livre e separação de poderes; e, obviamente, não se verifique a condução de diretrizes políticas motivadas por poderes econômicos ou ideológicos (Castells, 2018, p. 11). Entretanto, para que essa estrutura seja alcançada, ela deve ser fundada no poder (ou no governo) do povo, que só poderá ser exercido onde houver uma condição social e econômica mínima para o indivíduo, a tal ponto que este não seja influenciado no momento de sua decisão, reunindo capacidade de exercer livremente sua escolha. Explicando melhor, a desigualdade social ou econômica extrema causa a exclusão e impossibilita que o povo escolha livremente e, consequentemente, governe. Desmoronando, assim, a democracia.

Quando a democracia se encontra enfraquecida, abre-se um espaço para que as pulsões autoritárias que estavam adormecias em seu interior despertem e se expandam. Atualmente, esse fato é percebido em vários países que se caracterizam por decisões políticas de natureza anti-humanista, mormente quando a pauta é a situação daqueles que se encontram em situação de exclusão total.

Dentro dessa configuração, o conceito regente é o de "útil para o mercado", no qual o governo das pessoas será orientado para fins úteis e rentáveis para o mercado. Nessa lógica, o que se mostra relevante são os números, e não mais as pessoas, suas histórias, suas necessidades, suas vidas; o que importa é a racionalidade do cálculo atuarial que otimiza a ação e aumenta os lucros.

Essa posição retrata o quanto a cultura antidemocrática está prevalecendo em nosso tempo, mas não para por aí. O desprezo absoluto pela democracia se estampa no suporte que o poder tecnológico-militar fornece à gestão neoliberal, normalizando uma guerra contra a população, com o desiderato de invisibilizar essas pessoas (ou melhor, "não pessoas"), afastando-as, prendendo-as ou, até mesmo, matando-as.

O neoliberalismo destrói o sujeito, na concepção iluminista do termo, e constrói em seu lugar um indivíduo orientado pelo "modelo empresa/consumidor", bem como intervém cada vez mais incisivamente na política estatal, implementando um modo de gestão fundado em técnicas de natureza privada, visando ao favorecimento do mercado financeiro.

## O NEOLIBERALISMO NA MODERNIDADE TARDIA

Inicialmente, é importante registrar que, como diz Daniel Andrade (2019, p. 211), "o neoliberalismo é um conceito polêmico". Isso ocorre, principalmente, porque ele é plástico e plural, se metamorfoseia no tempo. Não há um modelo sólido e estático de neoliberalismo. Modificações geográficas e históricas, por exemplo, caracterizam-se como elementos centrais no processo de compreensão de tal fenômeno. Além disso, as diferentes tradições sociológicas, políticas e econômicas vão traçar e ressaltar pontos estruturais e ontológicos diversos no momento de sua análise.

Entretanto, tentaremos pontuar um recorte conceitual mínimo, observando esses vários aspectos do que entendemos por neoliberalismo e quais são seus efeitos para a humanidade.

Logo de início, registramos que seria simples e fácil demais pensar que o neoliberalismo se resume a práticas econômicas, monetárias ou de austeridade — não que não o seja, mas pensar que estamos lidando unicamente com um fenômeno de mercantilização do mundo não traduz com exatidão o fenômeno. Estamos de acordo com Michel Foucault quando sustenta que o neoliberalismo se traduz em uma racionalidade política que se tornou mundial, e que consiste em impor aos governos dos Estados, das sociedades e das subjetividades uma mesma lógica, a lógica do capital. Por meio desse novo modelo de racionalidade governamental, somos dominados por formas de vida orientadas por dois principais postulados. O primeiro, a "lógica da concorrência", que se torna o princípio basilar das relações no interior da sociedade; o segundo, o "modelo da empresa", que se impõe a todos, inclusive ao próprio Estado, mediante dispositivos reais e concretos de definição de comportamentos.

# CONSTRUÇÃO TEÓRICA

A construção e a implementação do neoliberalismo ocorreram no século XX, merecendo destaque três momentos em especial: o colóquio Walter Lippmann, que se deu em 1938; a reunião na qual é fundada a Sociedade *Mont Pèlerin*, em 1947; e a implementação das políticas de Augusto Pinochet, Margaret Thatcher e Ronald Reagan, entre as décadas de 1970 e 1980.

O neoliberalismo surge como uma resposta ao fracasso do *laissez-faire* do século XIX, assim como em virtude da preocupação de intelectuais liberais com o crescimento de políticas de intervencionismo econômico, o estabelecimento do Estado de bem-estar social keynesiano, o socialismo e, até mesmo, o comunismo.

A ideia de Adam Smith no sentido da existência de uma "mão invisível" que conduziria o mercado e as relações econômicas involuntárias — fundada em leis imanentes da própria natureza, não devendo, portanto, sofrer qualquer espécie de interferência criada pelo Estado — não se verifica no mundo real. O modelo liberal do século XIX não prosperou, em especial em economias capitalistas de destaque, como a estadunidense e a alemã, nas quais se constatava que o ideal liberal proporcionaria um isolamento dos agentes econômicos, fazendo surgir verdadeiras mônadas no mercado, que buscavam unicamente seus interesses particulares. Nesse contexto, naufragava a tese da "lei da oferta e da procura", visto que a economia era regida por aqueles que detinham o poder econômico.

A partir da última quadra do século XIX, o liberalismo entra em crise, o que se acentua com a primeira grande guerra, com a crise de 1929 e com o período entreguerras, ocasionando o surgimento de uma corrente de liberais sociais que sustentavam a ideia de um bem comum e se opunham àqueles que ainda defendiam a liberdade de mercado total.

Nesse sentido, Pierre Dardot e Christian Laval pontuam com perspicácia:

> Se é verdade que a crise do liberalismo teve como sintoma um reformismo social cada vez mais pronunciado a partir do fim do século XIX, o neoliberalismo é uma resposta a esse sintoma, ou ainda, uma tentativa de entravar essa orientação às políticas redistributivas, assistenciais, planificadoras, reguladoras e protecionistas que se desenvolveram desde o fim do século XIX, uma orientação vista como uma degradação que conduzia diretamente ao coletivismo (2016, p. 14).

O colóquio Walter Lippmann, realizado na capital francesa a partir de 26 de agosto de 1938, durou cinco dias e contou com a participação de intelectuais de várias áreas, marcando o surgimento das teorias sobre aquilo que se chamou de neoliberalismo. Esse encontro assentou as bases estruturais e intelectuais para a criação da Sociedade *Mont Pèlerin*, em 1947, com o objetivo de definir e planejar o neoliberalismo e sua difusão mundial.

É bem verdade que não houve consenso nos debates sobre o conceito de neoliberalismo, merecendo destaque, dentre as várias correntes, o posicionamento dos ordoliberais de Freiburg, da Escola Austríaca e da Escola estadunidense de Chicago. Malgrado a falta de concordância entre os acadêmicos, dois pontos destacaram-se e alcançaram a maioria. O primeiro consistia no fato de que o naturalismo liberal tinha fracassado, portanto, a nova razão neoliberal pregava que o Estado deveria intervir nas relações sociais com o desiderato de proporcionar condições particulares para a existência da liberdade de mercado, ou seja, sustentava uma espécie de "intervencionismo liberal". O segundo ponto dizia respeito ao próprio comportamento subjetivo; a política neoliberal pregava a implementação de uma nova forma de direção das condutas, vale dizer, pretendia redimensionar a governamentalidade e, para tanto, deveria criar dispositivos que atingissem e modificassem o próprio sujeito.

No entanto, essas ideias permaneceram adormecidas até a crise que teve início na década de 1970, quando o capitalismo se deparou com baixas taxas de crescimento econômico e altas taxas de inflação, o que ficou conhecido por estagflação. A crise foi a grande oportunidade para o ressurgimento do discurso neoliberal, em que seus difusores apontavam que a crise econômica era proporcionada, principalmente, pelos excessivos encargos sociais do Estado.

Em razão disso, finalmente o projeto neoliberal foi concretizado e aplicado pela primeira vez por Augusto Pinochet[4], em 1973, no Chile — onde, com o auxílio técnico dos chamados "*Chicago boys*"[5], implementou um conjunto de regras políticas para o desmonte do Estado social, com a privatização de bens e serviços; o enfraquecimento dos sindicatos e dos movimentos operários; o incentivo a investimentos privados; a redução de impostos sobre o capital; e a precarização do trabalho.

Apenas alguns anos depois, o mesmo programa neoliberal foi implementado por Margaret Thatcher e Ronald Reagan, expandindo-se para todo o mundo capitalista e, depois da queda do muro de Berlim, também para o leste europeu. Com precisão, pontua Wendy Brown:

> Por volta do final dos anos 1970, explorando uma crise de lucratividade e estagflação, os programas neoliberais foram implementados por Margareth Thatcher e Ronald Reagan. Novamente focados na desregulação do capital, no combate ao trabalho organizado, na privatização de bens e serviços públicos, na redução de tributação progressiva e no encolhimento do Estado social. Tais políticas se espalharam rapidamente por toda Europa Ocidental, e o colapso do bloco soviético no final dos anos 1980 significou que boa parte da Europa Oriental realizou uma transição do comunismo de Estado para o capitalismo neoliberal em menos de meia década (2019, p. 29).

---

4 Como escreve David Harvey (2014, p. 17): "A primeira experiência de neoliberalização ocorreu no Chile depois do golpe de Pinochet no 'pequeno 11 de setembro' (quase exatamente trinta anos antes do dia em que Bremmer anunciou o regime a ser instalado no Iraque). O golpe contra o governo democraticamente eleito de Salvador Allende foi patrocinado por elites de negócios chilenos ameaçados pela tendência de Allende para o socialismo".

5 "*Chicago boys*" foi um grupo de jovens economistas chilenos que estudaram economia nos Estados Unidos e formularam a política econômica neoliberal do general Augusto Pinochet.

Como já ficou registrado, há grande controvérsia quanto à definição de neoliberalismo. Entretanto, faz-se necessário que busquemos alguma delimitação de suas características centrais. No presente estudo tomaremos por base as concepções marxista, foucaultiana e bourdieusiana do termo. Entendemos que o amálgama das três posições proporciona uma visão mais real e ampla do fenômeno — diferentemente de alguns autores, para os quais a posição de cada um desses intelectuais exclui a dos demais.

Embora concordemos com Dardot e Laval (2016, p. 14), no sentido de que o neoliberalismo, "antes de ser uma ideologia ou uma política econômica, é em primeiro lugar e fundamentalmente uma racionalidade" com o objetivo de criar um modelo de governo das subjetividades, não podemos negar que o entendimento do fenômeno neoliberal necessariamente passa pela compreensão do seu aspecto econômico, enfatizado pela corrente de pensamento de autores marxistas que examinam a questão.

A abordagem marxista destaca o ataque dos capitalistas ao Estado social, concentrando sua análise nas políticas, instituições e relações econômicas. Desse modo, na realidade, o neoliberalismo seria uma nova fase de capitalismo que — valendo-se da crise econômica, estrutural, do último quarto do século XX, bem como do fenômeno da globalização, que proporcionou uma movimentação financeira absurdamente lucrativa — implementa, em ordem global, uma certa hegemonia financeira, oriunda da junção da alta classe capitalista com a camada superior da classe gerencial (Andrade, 2019, p. 211).

Nesse sentido, David Harvey diz que:

> os dados sugerem vigorosamente que a virada neoliberal está de alguma maneira em algum grau associada à restauração ou reconstrução do poder das elites econômicas. Podemos, portanto, interpretar a neoliberalização seja como um projeto utópico de realizar um plano teórico de reorganização de capitalismo intencional ou como um projeto político de restauração do poder das elites econômicas (2015, p. 27).

Assim, os difusores dessa posição insistem no aspecto econômico-financeiro do neoliberalismo, alertando para a criação de uma nova maneira de acumulação de capital. Harvey (2015, p. 172-178) destaca quatro mecanismos de acumulação por espoliação: privatização e mercadorização; financeirização; administração e manipulação de crises; e redistribuição via Estado.

Não se olvida o ataque realizado pelo neoliberalismo às políticas sociais implementadas pelo Estado, como o keynesianismo ou o *New Deal*. Nessa empreitada, a desregulação é um dispositivo indispensável — uma vez que, com ela, o capitalismo dispensa e rejeita a presença estatal não só no mercado, mas nas políticas sociais —, de sorte que a privatização, tanto de empresas quanto de serviços públicos, tornou-se estrutural. Disso resulta que a ideia de direitos sociais, como pressupostos de garantias de direitos civis e políticos, tende a desaparecer, pois aquilo que era um direito se converte em serviço privado, regulado pelo mercado, tornando-se uma mercadoria, o que inviabiliza o acesso daqueles que não tem poder aquisitivo para adquiri-lo. Em outras palavras, o neoliberalismo é o encolhimento do espaço público dos direitos e o alargamento do espaço privado dos interesses do capital.

Podemos, destarte, pontuar alguns traços da nova forma de capital.

Primeiro, o desemprego tornou-se estrutural, deixando de ser acidental ou expressão de uma crise conjuntural, pois o modelo contemporâneo do capitalismo, ao contrário do seu modo clássico, não opera por inclusão de toda a sociedade no mercado de trabalho e consumo, mas por exclusão — que não se faz só pela introdução da automação, mas, também, pela velocidade da rotatividade da mão de obra, que se torna desqualificada e obsoleta muito rapidamente em decorrência da velocidade das mudanças tecnológicas, particularmente aquilo que recebeu o nome de indústria 4.0, ou seja, robótica.

Segundo, o monetarismo e o capital financeiro tornam-se o coração e o centro nervoso do capitalismo, ampliando a desvalorização do trabalho produtivo e privilegiando a mais abstrata e fetichizada das mercadorias, o dinheiro. O poderio do capital financeiro determina diariamente as políticas dos vários Estados, sobretudo as da periferia do sistema, que dependem da vontade de bancos e financeiras, uma vez que estes organizam e controlam a transferência periódica dos recursos aos países.

Terceiro, a terceirização, isto é, o aumento do setor de serviço, se tornou estrutural, deixando de ser um suplemento à produção. Agora, esta não mais se realiza sobre a antiga forma fordista das grandes plantas industriais que concentram todas as esferas da produção e da aquisição (da matéria-prima até a distribuição dos produtos), mas opera por fragmentação e dispersão dessas esferas e etapas da produção, com a compra de serviços no mundo inteiro e com o abandono dos grandes estoques de longa duração, passando ao *just in time*. Em poucas palavras, houve a passagem do fordismo ao pós-fordismo (ou toyotismo). Como consequência, desapareceram todos os referenciais que permitiam que a classe trabalhadora se percebesse como classe, perdendo, em razão disso, a capacidade de lutar como classe social, enfraquecendo-se ao se dispersar nas pequenas unidades terceirizadas espalhadas pelo planeta.

Quarto, a transnacionalização da economia torna desnecessária a figura do Estado nacional como enclave territorial para o capital e dispensa os modelos clássicos do capitalismo, do colonialismo político e militar, e da geopolítica das áreas de influência. Isso desaparece, de modo que o centro econômico jurídico e político planetário encontra-se no Fundo Monetário Internacional (FMI) e no Banco Mundial. Estes operam com os únicos dogmas propostos pelo grupo fundador do neoliberalismo, quais sejam a estabilidade econômica e o corte do déficit público.

Quinto, a distinção entre os países do primeiro e do terceiro mundos tende a ser substituída pela existência, em cada um deles, seja do centro, seja da periferia, de uma divisão entre bolsões de riqueza e opulência e de miséria absoluta. A polarização de classes aparece com a polarização de ricos, cada vez mais ricos, e pobres, cada vez mais pobres.

Sexto, as novas tecnologias de informação estruturam um novo poder planetário de vigilância e controle, que suplanta os Estados nacionais e as particularidades sociais, trata-se da *web*, formada por consórcios empresariais, regionais e globais, empresas de armamento e financeiras, operadoras de comunicação, empresas de telefonia e comunicação de massa, provedores de serviço de internet e empresas de computadores, que, por meio do *internet protocol* (IP), detêm o monopólio dos endereços mundiais e controlam o sistema informativo e comunicativo em escala planetária.

Os ideólogos neoliberais falam em enxugamento do Estado ou na diminuição da sua presença, o que é falso. O Estado não diminuiu, ele apenas deslocou a sua ação, não somente dirigindo o fundo público e tornando o mercado livre exclusivamente para o capital, mas ampliando de maneira imensurável o controle e a vigilância sobre a sociedade.

Os idealistas do neoliberalismo perceberam que o Estado é peça fundamental no processo de neoliberalização. Por exemplo, a produção de um ambiente propício para a expansão do capitalismo financeiro; a formulação de leis que causam a precarização do trabalho; o incremento do aparelho penal; o enfraquecimento dos sindicatos; e a assunção de dívidas privadas configuram algumas medidas indispensáveis para o modelo de gestão neoliberal e são proporcionadas pelo Estado. Portanto, não existe mais a proposta de Estado mínimo defendida pelos liberais (liberalismo clássico), no sentido da naturalização das atividades do mercado que por conta própria se organizariam. Essa ideia falhou. Os neoliberais sustentam a ação do Estado, entretanto, deslocam a natureza dessa atividade. Antes as políticas eram desenvolvidas no sentido da assistência social da população, agora são voltadas para a criação de um campo propício para o desenvolvimento da atividade financeira. Em resumo, os lucros ficam com as empresas privadas, enquanto os direitos e o bem-estar da população são completamente ignorados.

A concepção foucaultiana enxerga o neoliberalismo sob um outro prisma. Para Foucault (Laval, 2020, p. 42), o fenômeno neoliberal traduz-se em uma nova racionalidade política que ultrapassa o aspecto puramente econômico. O que se almeja com essa nova política é a "condução das condutas". Com precisão, pontua Wendy Brown:

> Nessa racionalidade os princípios de mercado se tornam princípios de governo aplicados pelo e no Estado, mas também que circulam através de instituições e entidades em toda a sociedade — escolas, locais de trabalho, clínicas etc. Esses princípios tornam-se princípios de realidade que saturam e governam cada esfera da existência e reorientam o próprio *homo economicus*, transformando-o de um sujeito de troca e da insatisfação das necessidades (liberalismo clássico) em um sujeito da competição e do aprimoramento do capital (neoliberalismo) (2019, p. 30-31).

Foucault (2018, p. 25) inicia, em 10 de janeiro de 1979, o curso intitulado "Nascimento da Biopolítica", ministrado no *Collège de France*, onde, dando continuidade à pesquisa que já desenvolvia — identificar e analisar as relações de poder atuantes na sociedade —, propôs-se a abordar o que denominou de a "arte de governar". Passou, então, a examinar com seus alunos a forma com que, por meio das relações de poder, conduzia-se o comportamento das pessoas. Malgrado o nome do curso indique a realização de um estudo a respeito da biopolítica (outro conceito cunhado por Foucault), o que se percebe, principalmente após a publicação tardia do curso, ocorrida em 2004, é um estudo, quase como uma premonição, sobre o neoliberalismo.

Na abordagem foucaultiana, o ponto central é a compreensão de como se impõe uma maneira de "conduzir a conduta dos indivíduos", insistindo que a análise do neoliberalismo não pode fugir desse enfoque central. Foucault entende que se trata de uma nova razão de governo dos homens e produção de sujeitos. A questão que se apresenta consiste em verificar o modo com que uma política de natureza liberal pode exercer um domínio da população, chegando ao ponto de transformar as próprias subjetividades.

Para tanto, Foucault utiliza-se do que ele denominou de governamentalidade[6], sendo essa traduzida por "condução das condutas" sem a utilização da coerção, da força ou da culpa, mas, sim, por meio da "manipulação dos interesses" do próprio sujeito, dentro de uma sociedade de "livre" mercado. Há, portanto, uma virada nos métodos de controle do exercício do poder.

Em outros termos, "governamentalidade" traduz-se no conjunto constituído pelas instituições, pelos procedimentos, pelos cálculos e pelas táticas que permite exercer essa forma bem específica, embora muito complexa, de poder, que tem por alvo principal a população, por fundamental forma de saber a economia política e por instrumento técnico essencial os dispositivos de segurança (Laval, 2020, p. 48).

Esse conceito foucaultiano teve grande impulso nos anos 2000, quando intelectuais que seguiam a tradição passaram a analisar o neoliberalismo, fundamentalmente, a partir dessa perspectiva. O entendimento de que o neoliberalismo não configura tão somente uma "extensão da mercadorização" (Laval, 2020, p. 28), mas uma transformação do Estado e das próprias subjetividades, restou consolidado com a gramática foucaultiana.

Com o escopo de governar as pessoas, a ideologia neoliberal fomenta uma política estatal que direciona todas as condutas no sentido de um autogoverno exercido pelo indivíduo. A vida individual

---

[6] Foucault, em um de seus cursos, afirmou que, com relação à expressão "governamentalidade", queria dizer, em síntese, três coisas: "1) o conjunto constituído pelas instituições, procedimentos, análises e reflexões, cálculos e táticas que permitem exercer esta forma bastante específica e complexa de poder, que tem por alvo a população, por forma principal de saber a economia política e por instrumentos técnicos essenciais os dispositivos de segurança; 2) a tendência que em todo o Ocidente conduziu incessantemente, durante muito tempo, à preeminência deste tipo de poder, que se pode chamar de governo, sobre todos os outros — soberania. Disciplina etc. — e levou ao desenvolvimento de uma série de aparelhos específicos de governo e de um conjunto de saberes; 3) o resultado do processo através do qual o Estado de justiça da Idade Média, que se tornou nos séculos XV e XVI Estado administrativo, foi pouco a pouco governamentalizado" (2017, p. 429).

é amoldada a princípios mercadológicos que transformam a subjetividade, fazendo com que a pessoa seja vista e entendida como um capital. Consagra-se, assim, a figura do capital humano. Essa lógica do mercado, como veremos mais detalhadamente adiante, fundamenta-se em dois pilares: a concorrência e a lógica da empresa.

Dentre as diversas linhas de força do neoliberalismo, Foucault trabalhou mais especificamente com o ordoliberalismo alemão e o neoliberalismo estadunidense. Embora o autor francês não trace uma nítida ligação entre ambos, adeptos da concepção foucaultiana de neoliberalismo acabaram minimizando as diferenças existentes e estabeleceram uma conceituação que unifica as posições das duas escolas.

A escola dos ordoliberais tinha como principal adversário a política keynesiana. Buscavam encontrar um outro modelo para alcançar o bem-estar da sociedade, sem a utilização do dirigismo estatal proposto por Keynes. A solução surge com a proposição de que o mercado deveria ser essa força que impulsionaria o Estado na busca do bem-estar almejado. Abandona-se a ideia de Estado mínimo do liberalismo clássico e, ao mesmo tempo, inverte-se a lógica keynesiana, ao passo que não é mais a soberania do Estado que governa e controla a economia, mas, sim, o mercado que passa a ser a fonte do bem-estar e que informa a intervenção estatal adequada.

O Estado assume o dever de, por meio da constitucionalização e da elaboração da legislação ordinária[7], proporcionar o ambiente adequado para o desenvolvimento do mercado e, consequentemente, assegurar o bem-estar da população. Christian Laval resume:

---

[7] "Tanto para o Estado como para os indivíduos, a economia deve ser um jogo: um conjunto de atividades reguladas — mas, nas quais as regras não são decisões tomadas por alguém para os outros. É um conjunto de regras que determina de que modo cada qual deve jogar um jogo cujo resultado, no limite, ninguém conhece. A economia é um jogo, e a instituição jurídica que enquadra a economia deve ser pensada como regra de jogo [...]. Um jogo de empresas regulado no seio de um quadro jurídico-institucional garantido pelo Estado: esta é a forma geral daquilo que deve ser o quadro institucional do capitalismo renovado" (Foucault, 2018, p. 222).

> Segundo a lógica ordoliberal, se o mercado é o fundamento do Estado, é também o efeito do Estado. Se o Estado extrai sua legitimidade do crescimento e do bem-estar, ele tem a responsabilidade de assegurar o bom funcionamento do mercado, dando-lhe um "quadro" jurídico-político estável e garantindo as condições monetárias e orçamentárias de seu funcionamento (2020, p. 64).

Esse quadro jurídico-político favorável ao crescimento do mercado consiste em estabelecer e proteger uma lógica correcional, na qual haja o suporte necessário para que a empresa seja competitiva no desempenho de sua atividade de empreendedorismo. Esse conjunto de regras jurídicas que estabelece o formato de concorrência no mercado econômico é a marca do ordoliberalismo.

No entanto, a característica central da ideologia neoliberal estadunidense repousa em outro aspecto, que não foi aventado pelos ordoliberais. Ela preconiza uma política econômica extremamente privatizada, ou seja, fundada em uma estrutura privada, inclusive com a privatização dos serviços de seguridade social (previdência, saúde, educação etc.).

Esse modo de política social privatizada pretende manter a lógica concorrencial, mas enfatiza a criação de uma subjetividade que possibilite ao indivíduo viver nessa espécie de sociedade. Difusores da escola estadunidense sustentam que, na busca dessa subjetividade ideal, o modelo de empresa inspirado nos ideais de empreendedorismo é a forma mais adequada, já que "todas as áreas da existência se assentam na empresa, porque toda atividade é equiparável a uma produção e regida por um cálculo de rentabilidade" (Laval, 2020, p. 68).

Surge, então, o conceito do indivíduo como empresa, nas palavras de Foucault, nasce o "empresário de si mesmo"[8]. A partir dessa concepção, o sujeito passa a enxergar sua vida sob um viés

---

8 "Encontramos também a teoria do *homo economicus*, mas aqui, o *homo economicus* não é de modo algum um parceiro da troca. O *homo economicus* é um empresário e um empresário de si mesmo" (Foucault, 2018, p. 286).

absolutamente diverso. No casamento, na saúde, na educação, em todas as áreas íntimas de sua vida, o "empresário de si mesmo" usa a lente do investimento, pensa em empreender e pesa custo e benefício — é um sujeito neoliberal.

Com a precisão costumeira, insiste Vladimir Safatle:

> O ideal empresarial de si foi o resultado da estratégia neoliberal de construir uma "formalização da sociedade com base no modelo da empresa". [...] Pois é fundamental ao neoliberalismo a extensão e disseminação dos valores do mercado à política social e a todas as instituições. A generalização da forma-empresa no interior do corpo social abriu as portas para os indivíduos se autocompreenderem como "empresários de si mesmo" que definem a racionalidade de suas ações a partir da lógica de investimentos e retorno de "capitais" e que compreendem seus afetos como objetos de um trabalho sobre si tendo em vista a produção de "inteligência emocional" e otimização de suas competências afetivas. Ela permitiu ainda a "racionalização empresarial do desejo", fundamento normativo para a internalização de um trabalho de vigilância e controle baseado na autoavaliação constante de si a partir de critérios derivados do mundo da administração das empresas (2018a, p. 139).

Do exame das duas concepções de neoliberalismo, e seu respectivo amálgama, surge o posicionamento de autores foucaultianos que pontuam as seguintes características como eixos centrais da ideologia neoliberal: a) não corresponde apenas a uma questão econômica; b) as leis naturais do mercado não funcionam, sendo necessária a intervenção do Estado; c) o mercado orienta o Estado na elaboração e na intervenção legislativas; e d) a lógica da concorrência e o modelo de empresa orientam o comportamento de todos os atores desse "jogo", incluindo o Estado.

Após o exame das concepções marxista e foucaultiana do neoliberalismo, entendendo que ambas mais se complementam do que se excluem, e sedimentada a posição no sentido do equívoco de diagnóstico inicial ao se entender o termo como uma versão atualizada do *laissez-faire*, concluímos que o neoliberalismo, na realidade, consiste em uma "nova lógica normativa global" (Dardot; Laval, 2016, p. 14), isto é, uma nova racionalidade.

Essa racionalidade (o neoliberalismo), apesar de ter combatido e desmontado o Estado social, bem como suas respectivas disposições e intuições, não deve ser percebida unicamente nesse viés negativo (posição marxista). O neoliberalismo, além de destruir, também, e principalmente, produz subjetividades e suas formas de relacionamento. Todos são obrigados a determinados comportamentos, governantes e governados. Isso ocorre em decorrência da imposição do "modelo de concorrência" e da "forma de empresa" (posição foucaultiana). É importante, ainda, pontuar que a união desses dois aspectos (negativo e positivo) do neoliberalismo é a grande causadora de uma desigualdade social econômica sem precedentes, pondo em risco até mesmo a democracia liberal.

## O SUJEITO NEOLIBERAL

A racionalidade neoliberal almeja, em verdade, a gerência do modo de vida de todos os atores no cenário social. Para tanto, atua no ambiente que condiciona e transforma as existências de acordo com seus objetivos. Ela não possui somente o escopo de disciplinar corpos, como no período industrial, mas, sim, busca modificar as almas. O neoliberalismo governa por meio de uma espécie de "psicopolítica" (Han, 2018), uma política que busca um modo de servidão voluntária (La Boétie, 2016) dos indivíduos, por meio da sua transformação psicológica. Não foi sem motivos que a finada Margaret Thatcher afirmou: "*Economics are the method. The object is to change the heart and soul*"[9].

---

[9] Margaret Thatcher em entrevista ao *Sunday Times*, no dia 3 de maio de 1981.

A sociedade líquida controlada pela ideologia neoliberal trouxe, sem dúvida, uma nova configuração para o sujeito. Vimos, ao longo dos tempos, de acordo com a tradição sociológica e com a política dominante, uma gama diversificada de caracterização desse indivíduo. Por exemplo, em Durkheim, ele é representado pelas condições morfológicas em que se encontra; em Marx, são as relações do mercado que o influenciam; e, em Weber, sofre interferência da racionalização de sua existência. Podemos ainda mencionar o sujeito lockeano, fundado na propriedade; o benthamiano, definido como homem-calculador; e o "sujeito produtivo", forjado na disciplina da sociedade industrial.

Como já vimos, uma das marcas do neoliberalismo é o desmantelamento das formas de Estado social. Ocorre o fim da destinação de fundos públicos para custeio dos direitos e serviços sociais. Há uma busca incessante pela privatização das empresas públicas. Os direitos sociais (como saúde, educação e previdência) são abolidos pela razão neoliberal e transformados em serviços privados. As relações de trabalho são completamente precarizadas, retirando-se a proteção legal destinada ao empregado. Diante desse cenário, é imprescindível que se produza uma forma de sujeição eficaz, fazendo com que cada indivíduo — e até mesmo o Estado — incorpore tal realidade como modo de vida.

A sujeição neoliberal eleita é a modelagem de toda a sociedade por meio do tipo "empresa". A sociedade passa a ser regida por critérios e características próprios de uma empresa, mas não só isso, cada indivíduo passa a se enxergar a partir desse padrão. A sociedade vira uma empresa composta por diversas pequenas empresas.

A governamentalidade empresarial afirma que o indivíduo não pode depender do Estado como um eterno infante. Deve se tornar responsável, investindo e gerindo sua vida de maneira adequada para, por si mesmo, alcançar os serviços que lhe proporcionam o bem-estar pretendido. Ele deve, como explica Vladimir Safatle (2018b, p. 26), "assumir riscos no livre-mercado, assim, como expressão maior da maturidade civil, como saída da menoridade a que estavam submetidos aqueles prematuramente infantilizados pela demanda de amparo do Estado-providência".

A estruturação da sociedade fundada no modelo da empresa foi o método utilizado pelo neoliberalismo para mudar a lógica e os valores do mercado no interior do corpo social, abrindo as portas para o surgimento do sujeito neoliberal — ou, em outros termos, o empresário de si mesmo. Esse sujeito fundamenta sua vida na análise de investimentos e retorno de capital, racionaliza sua existência sob os parâmetros de eficácia e rendimentos e identifica seus desejos como empreendedorismo. Assim, passa a enxergar o outro como potencial e constante adversário, como competidor, gerando um ambiente de constante concorrência.

A arte neoliberal, portanto, governa o sujeito neoliberal, criando um ambiente concorrencial em que se naturalizam as práticas do mercado e no qual são estabelecidas condições econômicas, políticas e jurídicas, por meio do Estado, com o escopo de possibilitar que o indivíduo funcione como uma empresa.

A construção dessa subjetividade vai além da simples normalização de uma conduta que, de modo mimético (Girard, 2004), multiplica-se na sociedade. Trata-se de uma internalização normativa de cobrança e autocontrole permanentes, oriundos da administração privativa — a execução de uma neuropolítica[10], no dizer de Pierre Dardot.

O empresário de si mesmo se obriga a superar sua meta dia após dia; a busca por desempenho é constante e ininterrupta. O medo do fracasso e, consequentemente, de ser superado por seu "adversário" aprisiona-o em uma "jaula de aço" (Weber, 2016), mas não nos moldes exclusivamente weberianos. Essa jaula, agora, se caracteriza pela tipologia da individualidade, fazendo com que a

---

[10] Afirma Dardot: "*Se puede decir — en todo caso, así es como con Christian lo analizamos — que nos enfrentamos a algo así como una neuropolítica. Y la emergencia de la neuropolítica nos sitúa, no en el ámbito del hombre económico, sino mucho más allá de él. Es decir, que considera que el hombre debe mantener con él mismo y con sus neuronas una relación de gestión, una relación de rentabilización, una relación que es casi la que se mantiene con un capital del que se dispone*" (Laval; Dardot, 2018, p. 37).

necessidade de trabalho e rendimento seja cada vez maior. O animal *laborans*[11] pós-moderno não precisa mais de uma força externa que o constranja ou vigie, ele próprio se explora. Esse sujeito neoliberal marcado pela pressão ininterrupta da competição encontra-se em guerra consigo mesmo. O capitalismo neoliberal encontrou uma forma quase perfeita de gestão do sujeito, uma vez que faz coincidir a liberdade e a coerção, levando o próprio escravizado a se chicotear. Essa busca de desempenho constante na pós-modernidade adoece a sociedade pelo esgotamento[12].

O sujeito neoliberal tem, de um lado, essa subjetivação empresarial e, de outro, em razão da própria formação individual, a forma concorrencial. O instrumento primordial para o estabelecimento do neoliberalismo como governo da população é a gestão por meio da competição (ou da concorrência).

É justamente a lógica concorrencial de mercado que cria o ambiente propício para a adaptação dos indivíduos ao modelo de empresa. Como já vimos, o mercado não funciona naturalmente, fazendo-se necessária a criação de um sentimento de competição para seu crescimento econômico.

Portanto, esses dois pilares do sujeito neoliberal (modelo empresa e concorrência) ocasionam um individualismo elevado ao ponto máximo, abandonando qualquer sentimento de solidariedade. A busca interminável pela vitória individual, na disputa do campo econômico, despe o sujeito de cuidado ou preocupação com o outro.

---

11 Conceito trazido por Hannah Arendt (2007), no livro *A condição humana*, ao estudar as três atividades que compõem a vida: labor, trabalho e ação.

12 Vale observar o que pontuou Byung-Chul Han a respeito do sujeito neoliberal: "Assim, não está submisso a ninguém ou está submisso apenas a si mesmo, é nisso que ele se distingue do sujeito da obediência. A queda da instância dominadora não leva à liberdade. Ao contrário, faz com que essa liberdade e coação coincidam. Assim, o sujeito do desempenho se entrega à liberdade coercitiva ou à livre coerção de maximizar o desempenho. O excesso de trabalho e desempenho agudiza-se numa autoexploração do outro, pois caminha de mãos dadas com o sentimento de liberdade. O explorador é ao mesmo tempo explorado. Agressor e vítima não podem mais ser distinguidos. Essa autorreferencialidade gera uma liberdade paradoxal que, em virtude das estruturas coercitivas que lhe são inerentes, se transforma em violência" (2017, p. 29-30).

Resumindo com precisão o fenômeno neoliberal e suas consequências, Robert W. McChesney — na introdução da obra *O lucro ou as pessoas?*, de Noam Chomsky (2018, p. 7-8) — afirma que "ele consiste num conjunto de políticas e processos que permitem a um número relativamente pequeno de interesses particulares controlar a maior parte possível da vida social com o objetivo de maximizar seus benefícios individuais". E conclui que essa ação proporciona um astronômico crescimento das desigualdades econômica e social, um aumento da pobreza e um enriquecimento enorme para uma minoria de ricos.

Chegamos, então, a um dos eixos centrais deste estudo, o surgimento de desigualdade e miséria absurdas, combinadas com a total ausência de amparo social por parte do Estado.

A implementação do princípio da concorrência e do modelo-empresa na pós-modernidade ocasiona uma mudança de paradigma marcante na lógica liberal, ao passo que não é mais a "troca" que orienta as práticas mercadológicas, mas a concorrência. Isso implica concluir que não há mais a equivalência oriunda do sistema de troca, o que temos é a desigualdade resultante, mormente, em razão da concorrência.

Portanto, a desigualdade, a existência de vencedores e perdedores, é um eixo fundamental no modelo empresarial imposto pelo neoliberalismo à sociedade. Não há como escapar dessa consequência com a efetivação dos postulados da racionalidade neoliberal. Nesse sentido, Wendy Brown registra que os críticos das políticas neoliberais ainda apontam como trágicos resultados, além da intensificação da desigualdade, a mercantilização insensível, a crescente influência da esfera privada no governo e a instabilidade econômica. Valendo, em razão da precisão, o registro de parte do texto referente à desigualdade:

> *El primero efecto nocivo es la desigualdad intensificada, en que los estratos que se encuentran más arriba adquieren y retienen aún más riqueza y aquellos que están abajo literalmente terminan en las calles y en los crecientes arrabales urbanos y suburbanos del mundo* (Brown, 2015, p. 30).

É importante salientar que o crescimento da desigualdade tem início entre as décadas de 1970 e 1980, no momento da grande virada neoliberal, que marca o que Christophe Guilluy chamou de "fratura social". Sustenta o geógrafo francês que

> as novas clivagens se tornaram visíveis e já não opõem, como no mundo antigo, esquerda e direita, classe operária e patrões, rurais e urbanos, mas, sim, os ganhadores ou protegidos da globalização e os perdedores e/ou fragilizados, os móveis e os sedentários, as novas classes superiores e as novas classes populares, as "pessoas de algum lugar" e "as pessoas de lugar nenhum" (Guilluy, 2020, p. 20).

Acrescenta-se, assim, um novo elemento impulsionador do neoliberalismo e de seus efeitos: a globalização. Fenômeno que, da mesma forma, teve uma alavancagem significativa no último quarto do século XX.

A globalização, em geral, proporciona uma sensação de satisfação às pessoas. E, de fato, é indiscutível a afirmativa no sentido de que a rede mundial tenha trazido grandes avanços e benefícios para a sociedade. No momento em que escrevo essas linhas, vivemos uma pandemia que assolou o planeta e, sem dúvida, o avanço tecnológico e a conexão em rede em uma escala mundial possibilitaram que a maioria das pessoas pudesse, de uma forma ou de outra, continuar suas atividades ou ter uma ferramenta para relacionamentos sociais.

Estamos de acordo com Manuel Castells (2018) ao definir a globalização como um processo de sistemas que tem a capacidade de funcionar de forma una em tempo real e em escala planetária. Essa capacidade é tecnológica (ao passo que possui instrumentos técnicos que possibilitam a comunicação e a ação), institucional (uma vez que há liberalização econômica, desregulação estatal e abertura seletiva de fronteiras) e organizativa (na medida em que se estrutura em rede).

Desse conceito podemos extrair várias observações e características. No entanto, destacamos apenas uma, que possui mais relevância e conexão com a questão da desigualdade neoliberal, porque está presente nas três capacidades destacadas pelo autor catalão (tecnológica, institucional e organizativa). Falamos da assimetria da globalização. A globalização não proporciona as mesmas possibilidades para todos de maneira igualitária, pelo contrário, é evidente que os setores profissionais de maior instrução e condição econômica utilizam-se de ferramentas criando um fluxo sem estrias de circulação do capital, que se restringe aos conectados dentro da elite cosmopolita que dita as regras e usufrui em proveito próprio o valor do mercado mundial. Em contrapartida, a multidão composta de trabalhadores locais desvalorizados, alijados pela mudança tecnológica e pela desindustrialização, ou integrada por um grupo de deploráveis que não possuem sequer trabalho, encontra-se cada vez mais desamparada, em virtude da diferença abissal nas possibilidades de uso dessa rede global.[13]

A globalização torna o capital fluido como uma serpente[14] e desliza pelas redes entre instituições financeiras, multiplicando a riqueza de uma minoria de 1% que constitui os grandes conglomerados

---

13 Nas palavras de Bauman: "A globalização tanto divide como une; divide enquanto une — e as causas da divisão são idênticas às que promovem a uniformidade do globo. Junto com as dimensões planetárias dos negócios, das finanças, do comércio e do fluxo de informação é colocado em movimento um processo 'localizador', de fixação no espaço. Conjuntamente, os dois processos intimamente relacionados diferenciam nitidamente as condições existenciais de populações internas e de vários segmentos de cada população. O que para alguns parece globalização, para outros significa localização; o que para alguns é sinalização de liberdade, para muitos outros é um destino indesejado e cruel" (1999, p. 8).

14 Deleuze, ao analisar a mudança da sociedade disciplinar à sociedade do controle, conclui que a serpente é o animal que caracteriza mais perfeitamente a sociedade neoliberal de controle, uma vez que se movimenta constantemente em espaços abertos, mostrando-se um animal com essência empreendedora (2013, p. 223-230).

econômicos. O capital, na globalização neoliberal, funciona "mediante uma decodificação generalizada de fluxos, uma maciça desterritorialização e, mediante as conjunções desses fluxos desterritorializados e decodificados" (Hardt; Negri, 2010, p. 348), multiplica-se. No entanto, esse processo ocorre no interior de um seleto grupo, entre *players* bem definidos por suas capacidades financeiras e intelectuais.

Esse aspecto nada glamouroso da globalização que se coaduna perfeitamente com os princípios propostos pelo neoliberalismo é o que os autores chamam de "novo feudalismo financeiro" (Fusaro, 2019, p. 13), "globalização negativa" (Bauman, 2007, p. 13) ou "globalização como perversidade" (Santos, 2018, p. 19).

Devemos insistir que a globalização proporciona, a toda evidência, diversas vantagens na sociedade contemporânea. Entretanto, serve também de instrumento para que as práticas neoliberais do mercado alavanquem sobremodo a acumulação de riquezas nas mãos de poucos e alastrem a pobreza e a desigualdade ao redor do mundo. Acerca desse aspecto da globalização, pontuou Bourdieu (2001, p. 102) que "a igualdade formal dentro da desigualdade real é favorável aos dominantes"[15].

A "fratura social" que aconteceu em meados de 1970 é inquestionável. O que se mostra absolutamente impressionante é a quantidade de consequências que ocorreram no exato instante dessa virada de paradigma. A partir dessa clivagem, a implementação da racionalidade neoliberal global gera um aumento simultâneo da desigualdade social e econômica, fazendo surgir uma nova categoria de pessoas consideradas supérfluas e indesejadas nessa nova composição social, o que, como veremos, acarretará, concomitantemente, a explosão das taxas de encarceramento.

---

[15] Diz mais o sociólogo francês: "a política de '*globalization*' é sem dúvida em si mesma a melhor ilustração dessa dosimetria, uma vez que visa estender ao conjunto do mundo, mas sem reciprocidade, em mão única (quer dizer, em associação com um isolacionismo e um particularismo), o modelo mais favorável aos dominantes" (2001, p. 106).

Muitos autores[16] apontam esse momento (de 1970/1980) como o da ruptura e do aumento das taxas de desigualdade, que continuam a subir até os dias de hoje. De acordo com o Relatório Social Mundial publicado pelo Departamento de Assuntos Econômicos e Sociais da ONU (Organização das Nações Unidas)[17], em 20 de janeiro de 2020, a desigualdade social e econômica está crescendo e já alcança mais de 70% da população mundial, exasperando de modo acentuado o risco de segregação da população. O secretário-geral da ONU, António Guterres, escreveu no prefácio do estudo:

> O "Relatório Social Mundial 2020: desigualdade num mundo que muda rapidamente" surge quando confrontamos realidades difíceis de um panorama global de profunda desigualdade tanto no norte quanto no sul, protestos em massa reacendem, alimentados por uma combinação de males econômicos, crescimento das desigualdades e insegurança no trabalho. Disparidades de renda e falta de oportunidades estão criando um círculo vicioso de desigualdade, frustração e descontentamento em várias gerações[18].

A tabela abaixo, retirada do mencionado relatório da ONU, demonstra que nas últimas três décadas a desigualdade na distribuição da renda superou 70% da população mundial.

---

16 Thomas Piketty (2014, p. 233): "Observamos também que a desigualdade aumentou desde os anos 1970-1980"; Walter Scheidel (2020, p. 437): "O declínio da desigualdade iniciado em 1914 terminou há muito tempo. [...] a participação dos mais ricos cresceu 50% entre 1980 e 2010, ao passo que a desigualdade da renda de mercado subiu 6,5 pontos de Gini. [...] a desigualdade começou a aumentar em 1973 no Reino Unido, em 1973 e 1976 nos Estados Unidos, em 1977 na Irlanda, em 1978 no Canadá e em 1981 na Austrália"; Mike Davis (2006, p. 175): "O tectonismo violento da globalização neoliberal desde 1978 é análogo aos processos catastróficos que, no princípio, deram ao 'terceiro mundo' durante a época final do imperialismo Vitoriano".

17 Disponível em: https://www.un.org/development/desa/dspd/world-soul-report/2020-2.html.

18 Disponível em: http://abet-trabalho.org.br/onu-desigualdade-fecha-as-portas-para-avanco-economico-e-social-no-mundo/.

TABELA 1 | **TENDÊNCIAS NA DISTRIBUIÇÃO DE RENDA POR REGIÃO, 1990 A 2016[19]**
NÚMERO DE PAÍSES POR TIPO DE TENDÊNCIA NO COEFICIENTE DE GINI

| | ÁFRICA | ÁSIA | AMÉRICA LATINA E CARIBE | EUROPA, AMÉRICA DO NORTE, OCEANIA E JAPÃO | TOTAL | PORCENTAGEM DE PAÍSES | PORCENTAGEM DA POPULAÇÃO TOTAL[20] |
|---|---|---|---|---|---|---|---|
| **DESIGUALDADE CRESCENTE** | | | | | | | |
| **1990-2016** | **13** | **9** | **1** | **26** | **49** | **41,2** | **71** |
| 1990-1999[21] | N.A | 7 | 12 | 4 | 23 | | |
| 2000-2007 | N.A | 7 | 2 | 13 | 22 | | |
| 2008-2016 | N.A | 4 | 1 | 14 | 19 | | |
| **FALSIFICANDO A DESIGUALDADE** | | | | | | | |
| **1990-2016** | **16** | **12** | **17** | **13** | **58** | **48,7** | **20,8** |
| 1990-1999 | N.A | 2 | 4 | 4 | 10 | | |
| 2000-2007 | N.A | 8 | 13 | 13 | 34 | | |
| 2008-2016 | N.A | 13 | 13 | 14 | 40 | | |
| **SEM TENDÊNCIA[22]** | | | | | | | |
| **1990-2016** | **2** | **3** | **1** | **6** | **12** | **10,1** | **8,2** |
| 1990-1999 | N.A | 3 | 2 | 4 | 9 | | |
| 2000-2007 | N.A | 0 | 3 | 9 | 12 | | |
| 2008-2016 | N.A | 0 | 4 | 14 | 18 | | |
| **TOTAL** | **31** | **24** | **19** | **45** | **119** | | |

FONTE: Cálculos sobre dados do World Income Inequality Database da UNU-WIDER, versão 4, lançado em dezembro de 2018. Disponível em: www.winder.unu.edu/database/world-income-inequality-database--wild4. Acesso em: 30 mar. 2019.

[19] Ou o último ano disponível, se 2008 ou mais tarde.

[20] Porcentagem da população total dos 119 países com dados. Esses 119 países representavam 91% da população mundial em 2016.

[21] Inclui países onde a desigualdade permaneceu relativamente constante, bem como países onde a desigualdade flutuou, mas não houve uma tendência clara de aumento ou redução durante o período.

[22] O número de países com informações detalhadas para cada um dos subperíodos (1990-1999; 2000-2007; 2008-2016) está abaixo do número total de países com informações suficientes para avaliar as tendências durante todo o período (1990-2016).

Thomas Piketty exaustivamente apresenta dados de crescimento da desigualdade mundial[23]. O economista francês, quando analisa, por exemplo, a situação estadunidense, examina o ganho do décimo superior e do centésimo superior na economia daquele país, no período compreendido entre 1910 e 2010, concluindo que, claramente se percebe uma "explosão da desigualdade americana desde os anos 1970-1980" (2014, p. 282).

No período observado, de acordo com Piketty, a desigualdade econômica nos Estados Unidos superou as taxas europeias, a partir do último quarto do século XX, ocorrendo uma inversão de posições até meados do século XX. Vale dizer, até os anos 1970, em especial, a partir de 1950, "os Estados Unidos passaram pela fase mais igualitária de sua história: decínio superior da hierarquia de rendas detinha cerca de 30-35% da renda nacional americana" (Piketty, 2014, p. 286). Entretanto, desde 1970 podemos notar um disparo sem precedentes na desigualdade da renda, passando a parcela do décimo superior "de 30-35% da renda nacional nos anos 1970 para cerca de 45-50% nos anos 2000-2010. [...] e se tudo continuar a crescer neste ritmo, a parcela do décimo superior há de superar os 60% da renda nacional até 2030" (Piketty, 2014, p. 287).

Embora os números estadunidenses sejam assombrosos, a situação mundial, de uma forma ou de outra, não é diferente, como já pontuamos. A humanidade atravessa um momento deveras crítico em sua história. O capitalismo financeiro neoliberal transforma as bases sociais por meio de sua racionalidade, gerando um quadro de desigualdade, exclusão e violência, uma vez que tais características são imanentes e, portanto, necessárias à sua própria existência.

---

23 "Thomas Piketty completou a análise ao revelar um processo mundial de concentração de capital e riquezas. Em 2017, a fortuna das quinhentas pessoas mais ricas do mundo chegava a 5,4 trilhões de dólares, quase duas vezes o PIB da França. Em um relatório consagrado ao aumento das desigualdades no mundo, Thomas Piketty previu que, em um cenário de continuação das tendências atuais, haverá uma compreensão do patrimônio da classe média mundial: 'Se a tendência continuar, a parte do patrimônio dos 0,1% mais ricos do planeta alcançará a parte da classe média em 2050'" (Guilluy, 2020, p. 34).

No tocante à triste situação que assola a humanidade, com vigor assevera Jacques Derrida ao comentar o que chamou de "dez chagas da nova ordem mundial":

> Pois é preciso gritá-lo, no momento em que alguns ousam neoevangelizar, em nome de um ideal de uma democracia liberal, que atingiu enfim a si mesma como o ideal da história humana: jamais a violência, a desigualdade, a exclusão, a fome e, portanto, a opressão econômica, afetaram tantos seres humanos, na história da terra e da humanidade. Em vez de cantar o advento do ideal da democracia liberal e do mercado capitalista na euforia de um fim da história, em vez de celebrar o "fim das ideologias" e o fim dos grandes discursos emancipatórios, não negligenciemos essa evidência macroscópica, feita de inumeráveis sofrimentos singulares: nenhum progresso permite ignorar que jamais, em números absolutos, jamais tantos homens, mulheres e crianças estiveram subjugados, esfomeados ou foram exterminados na terra (1994, p. 117).

Os fundamentos da razão normativa que informa a nova subjetividade neoliberal — a lógica concorrencial e o modelo-empresa — impossibilitam o exercício de qualquer forma de solidariedade social, potencializados pelo fenômeno da globalização, e proporcionam um gigantesco incremento da desigualdade socioeconômica. Entretanto, essa não configura a única causa. Com efeito, o abandono completo das políticas sociais executadas pelo Estado-providência também é causa dessa exasperação da desigualdade mundial, na medida em que influencia no aumento da pobreza e no desamparo da população.

Já vimos que um dos objetivos centrais do neoliberalismo, inclusive nas discussões iniciais na primeira metade do século XX, era o combate às práticas assistencialistas desenvolvidas pelo Estado.

Como afirmam os autores neoliberais, a exemplo de Friedrich Hayek, não basta que as empresas estatais sejam privatizadas e os serviços públicos não sejam mais públicos e passem a ser explorados pela iniciativa privada, é necessário que se destrua o social, isto é, "a sociedade deve ser desmantelada" (Brown, 2019, p. 41).

A proposta neoliberal é o desmantelamento completo da sociedade. Garantem seus intelectuais que a própria existência da sociedade é uma falácia, ela constitui uma ilusão que jamais existiu. No fundo, essa construção serve de dispositivo para a opressão da civilização livre. Nesse diapasão, pregam o fim do Estado social, pois esse se mostra dispendioso e ineficaz, sustentando que somente indivíduos e família são relevantes.

Essa perspectiva não encontra nenhum amparo fora de um olhar neoliberal. É evidente que o campo social é o espaço onde as desigualdades aparecem e os sujeitos encontram abrigo e reconhecimento. Wendy Brown destaca que

> qualquer estudante sério de desigualdade sabe, o social é um domínio vital da justiça, porque é nele que as histórias e hierarquias consolidadas de uma determinada região, nação ou civilização são reproduzidas. O reconhecimento dos poderes sociais é a única maneira de entender o protesto do *take a knee* ou a afirmação de que vidas negras importam (2019, p. 53).

Malgrado seja notório o fato de que, diante de tamanha pobreza e desigualdade social, o Estado deva intervir com o intuito de preservar a sociedade e fornecer o suporte necessário às demandas da população espoliada e empobrecida, não é isso que notamos nas realidades neoliberais. Diante dessa triste constatação, lembramos do poema "A lista de necessidades", de Bertolt Brecht (2012, p. 228):

> Conheço muitos que andam com uma folha
> Que contém o que necessitam.
> Quem chega a ver a lista diz: é muito.
> Mas quem a escreveu diz: é o mínimo.
> Alguns, no entanto, mostram orgulhosos sua lista
> Que contém muito pouco.

Dessa forma, a ideologia neoliberal produz, em razão da desigualdade e da pobreza extrema, uma categoria de pessoas deslocadas e desnecessárias, bem como não proporciona o amparo e a assistência que elas necessitam, uma vez que não há espaço para solidariedade nesse contexto empresarial.

## POLÍTICA ANTIDEMOCRÁTICA

A pergunta que se coloca é a seguinte: é possível a sobrevivência da democracia liberal em um cenário de desigualdade extrema e de falta de política pública direcionada à prestação de serviços sociais?

Rubens Casara insiste que vivemos um Estado Pós-Democrático[24], marcado pelos ditames econômicos, com a única função de servir de instrumento de gerência capaz de potencializar os rendimentos e a acumulação de capital das empresas privadas. Portanto, nessa situação é imprescindível que se responda à pergunta acima formulada.

No enfrentamento dessa questão, dois pontos fundantes da democracia liberal merecem ser destacados e examinados em conjunto com os postulados implementados pela ideologia neoliberal; são eles: a igualdade política e a cidadania.

A democracia, suscintamente, significa o governo do povo. O Estado deve assegurar e proporcionar, por meio de ações políticas, um ambiente adequado para que o povo, no exercício igualitário da cidadania, exerça seu poder de governo.

---

[24] "A figura do Estado Democrático de Direito, que se caracterizava pela existência de limites rígidos ao exercício do poder (e o principal desses limites era constituído pelos direitos e garantias fundamentais), não dá mais conta de explicar e nomear o Estado que se apresenta. Hoje poder-se-ia falar em um Estado Pós-Democrático, um Estado que, do ponto de vista econômico, retoma com força as propostas do neoliberalismo, ao passo que, do ponto de vista político, se apresenta como um mero instrumento de manutenção da ordem, controle das populações indesejadas e ampliação das condições de acumulação de capital e geração de lucros" (Casara, 2017, p. 16-17).

Pois bem, para que não haja sobreposição de vontades e dominação de um sobre os demais, é imperioso que a igualdade política não seja suprimida. Não há democracia liberal onde não se verifique a plenitude dessa igualdade, seja "por exclusões ou privilégios políticos explícitos, pelas disparidades sociais ou econômicas extremas, pelo acesso desigual ou controlado ao conhecimento, ou pela manipulação de sistema eleitoral, o poder será inevitavelmente exercido por e para uma parte, em vez do todo. O *demos*[25] deixa de governar" (Brown, 2019, p. 33). Comparando essa exigência imanente de igualdade com o cenário de um Estado controlado pela ideologia neoliberal — que, em função disso, as taxas de desigualdade social e econômica são altíssimas e crescem a cada momento —, a conclusão inevitável é a inviabilidade da existência de um Estado que seja materialmente democrático. A desigualdade causada pelo neoliberalismo impede a existência da democracia liberal, sem, no entanto, extingui-la formalmente. Essa ausência de democracia material será fundamental para a compreensão do modo que o Estado utiliza os dispositivos de contenção e neutralização da população excedente.

O Estado que se proponha a cultivar a presença de uma democracia liberal real deve implementar políticas de governo que reduzam as desigualdades da população. Sabemos que somente com a assistência social prestada pelo Estado será possível reduzir as desigualdades dos cidadãos. Não se pode ser ingênuo a ponto de pensar que a iniciativa privada, a despeito de ausência de eventual lucro, pratique ações em prol da população. A justiça social é o caminho para se evitar as divisões de classe, a exclusão e a desigualdade que servem para subjugar o povo. O campo social é o local onde os desiguais se unem e eliminam essa diferença.

Desse modo, o ataque — e, consequentemente, o desmonte do social — realizado pelo neoliberalismo consagra e legitima formas antidemocráticas de controle e gerência exercidas pelo Estado-empresa, em face da população.

---

[25] Termo do grego antigo que significa "povo".

Outra categoria primordial da democracia, que deve ser abordada, é a cidadania. De plano, registramos que a figura do cidadão, portador de responsabilidade social e coletiva, caminha para a extinção, à medida que é substituído pelo "empresário de si mesmo" (homem empreendedor).

A razão neoliberal leva a concorrência a todos os campos da existência humana. Ela informa o mercado, a normatividade que organiza a atuação dos agentes econômicos, a atividade do Estado e se estabelece como norma internalizada do comportamento do sujeito, isto é, a racionalidade mercantil torna-se a razão do mundo.

Essa racionalidade mercantil carreada pelo neoliberalismo é fundada em princípios centrais de iniciativa privada que são incompatíveis com a atividade política típica de um Estado democrático, caminhando para o esgotamento do modelo democrático.

O princípio da eficiência e a categoria da gestão trazem um discurso de implementação de atividades exclusivamente com um caráter técnico, em que o principal fundamento é o probabilístico, com a medição de custo e benefício e o controle dos riscos. Ganha realce o tema da "boa governança", na qual são tolhidas as ações políticas do Estado, passando a administração pública a ser informada somente das decisões técnicas. Ocorre a administrativização do Estado. Os governantes são substituídos por tecnocratas, que agem como CEOs (*Chief Executive Officer*) das empresas privadas.

Em consequência desse modo de gestão e das decisões exclusivamente de natureza técnica, as relações entre governantes (agora tecnocratas ou comandados por estes) e governados, uma vez que estão dentro desse contexto empresarial, são privadas do fundamento da cidadania, pois o tecnocrata não se preocupa com o cidadão carente do espaço social e do serviço público, ele enxerga apenas o sujeito-empresa. Com isso, derruba a lógica democrática sobre esse aspecto também.

Por fim, neoliberalismo democrático é um verdadeiro oximoro.

Insiste Wendy Brown que o neoliberalismo é a racionalidade com que o capitalismo "devora a humanidade" (2015, p. 55). Como observamos até aqui, essa racionalidade coloca o ser humano em uma condição de abandono completo, fazendo surgir, assim, uma nova categoria de pessoas que se encontra na pobreza extrema[26], incapacitadas e sem

---

[26] Registra Manuel Castells que, segundo o relatório da PNUD, "desde 1980, tem havido uma aceleração muito grande no processo de crescimento econômico em cerca de 15 países, resultando num aumento rápido nos níveis de rendimento para a maioria dos seus 1,5 bilhão de habitantes, o que representa mais de um quarto da população mundial. Durante grande parte desse período, contudo, a retração ou estagnação econômica afetou nada menos que cem países, causando uma redução nos níveis de rendimento de 1,6 bilhão de pessoas, o que também representa mais de uma quarta parte da população mundial. Em setenta desses países, os níveis médios de rendimento são inferiores aos de 1980 — e em 43, menores do que os que registram em 1970. Entre 1970 e 1985, o PIB global aumentou cerca de 40%, mas o número de pobres cresceu aproximadamente 17%. Enquanto 200 milhões de pessoas tiveram uma queda nos seus níveis de rendimento entre 1965 e 1980, o mesmo aconteceu para mais de 1 bilhão de pessoas de 1980 a 1993. Em meados de 1990, considerando como a linha de pobreza extrema um nível de consumo equivalente a um dólar por dia, 1,3 bilhão de pessoas, quer dizer, 33% da população do mundo em desenvolvimento, encontram-se em estado de miséria. Dessas pessoas, 550 milhões viviam no sul da Ásia, 215 milhões na África subsaariana e 150 milhões na América Latina. Numa estimativa semelhante, partindo-se do limite de um dólar como a linha divisória da pobreza extrema, a OIIT calcula que a porcentagem de população situada abaixo dessa linha tenha aumentado de 53,5% em 1985 para 54,4% em 1990 na África subsaariana, de 23% a 27,8% na América Latina; e tenha diminuído de 61,1% para 59% no sul da Ásia, e de 15,7% para 14,7% no Leste e Sudeste Asiático (excluindo-se a China). De longe, a pobreza está eminentemente concentrada nas áreas rurais: em 1990, a proporção de pessoas pobres entre a população rural era de 66% no Brasil, 72% no Peru, 43% no México, 49% na Índia e 54% nas Filipinas. Quanto à Rússia, aos países que passaram pela crise do estatismo industrial e à Europa do Leste, um relatório apresentado pelo Banco Mundial em abril de 1999 calculou que cerca de 147 milhões de pessoas vivem abaixo da linha da pobreza (estimada em 4 dólares por dia). O valor equivalente em 1989 era de 14 milhões de pessoas. Por outro lado, alguns países, e particularmente a China e o Chile, reduziram substancialmente os seus níveis de pobreza ao longo dos anos 90. No caso da China, isto deveu-se ao elevado crescimento econômico juntamente com a migração rural-urbana. No caso do Chile, foi o resultado de políticas deliberadas pela primeira administração democrática chilena, depois do "milagre" de Pinochet ter reduzido à pobreza cerca de 43% da população chilena. Nessas tendências

utilidade para o sistema econômico hegemônico. São absolutamente supérfluas e disponíveis, mais que isso, são indesejadas.

Por fim, "o neoliberalismo, sob qualquer manto que seja, não é a solução, mas o problema", como afirma Nancy Fraser[27].

Os princípios da ordem neoliberal não se coadunam com o sentimento de solidariedade e não fomentam a presença de um Estado democrático, portanto, não é difícil prever que o tratamento dispensado a essa população de excluídos permanentes não será condizente com o processo civilizatório esperado e estudado por Norbert Elias (2011).

Surge a indagação: quem são os supérfluos e o que fazer com eles?

---

não sustentadas, a pobreza é também função das políticas públicas. A questão é que durante os anos de 80 e 90, a maior parte dos governos deu prioridade à reestruturação técnico-econômica em detrimento das políticas de bem-estar social, como resultado, a pobreza também cresce ao longo dos anos 80 e início dos anos 90 na maior parte dos países desenvolvidos. O número de famílias com um nível de vida abaixo da linha da pobreza aumentou cerca de 60% no Reino Unido e cerca de 40% na Holanda. No conjunto, em meados dos anos 90, havia cerca de 100 milhões de pessoas abaixo do nível de pobreza nos países industrializados, incluindo 5 milhões de sem-abrigo. À persistência estrutural da pobreza em todo o mundo tem de se acrescentar o súbito agravamento dessa pobreza, provocado pelas crises econômicas ligadas à volatilidade dos mercados financeiros globais. Assim, a crise asiática de 1997-1998 atirou, só na Indonésia, cerca de 40 milhões de pessoas para a pobreza, o que representa 20% da população, e arrastou 5,5 milhões de pessoas, na Coréia, e 6,7 milhões, na Tailândia, para níveis abaixo da linha da pobreza" (2014, p. 96-97).

27 Continua a autora: "O tipo de mudança que exigimos só pode vir de um outro lugar, de um projeto que seja, no mínimo, antineoliberal, se não anticapitalista. [...] Independentemente de nossa incerteza, em relação ao ponto final, uma coisa é certa: se falharmos, agora, em dar consequência a essa opção, prolongaremos o atual interregno. Isso significa condenar os trabalhadores de todas as convicções e todas as cores a tensões crescentes e ao declínio da saúde; ao aumento do endividamento e ao excesso de trabalho; ao apartheid de classe e à insegurança social. Significa imergi-los também em uma extensão cada vez mais ampla de sintomas mórbidos — em ódios nascidos do ressentimento e expressos em bodes expiatórios; em surtos de violência seguidos de arroubos de expressão; em um mundo perverso, onde as solidariedades se contraem até o desaparecimento. Para evitar esse destino, devemos romper definitivamente tanto com a economia neoliberal quanto com as várias políticas de reconhecimento que ultimamente a apoiaram" (Fraser, 2020, p. 66-67).

## VIDA SUPÉRFLUA

Certa feita, indagaram a Michelangelo como ele conseguia alcançar tremenda perfeição e harmonia em suas esculturas, ao passo que ele teria respondido: "é simples, é só você pegar um bloco de mármore e cortar os pedaços supérfluos". Percebemos que o gênio renascentista prenunciou a lógica que informaria o período moderno (Bauman, 2005, p. 32).

Hoje, mais do que nunca, identificar e cortar as vidas supérfluas é o grande desafio que se coloca. A produção de um padrão normativo do humano, orientado pela lógica neoliberal, gera altas taxas de uma multidão de "não pessoas" que deve ser gerenciada e contida. Estamos diante de uma profunda crise na "indústria de remoção desse lixo humano", como pontua Bauman (2005, p. 13).

Em primeiro lugar, devemos estabelecer o padrão que servirá de protótipo de identificação, para, a partir daí, separar as pessoas das "não pessoas", isto é, distinguir o que é pessoa e o que se trata de coisa. Como insiste Roberto Esposito (2016, p. 1), "se há um postulado que parece organizar a experiência humana desde seus primários, é o da divisão entre pessoas e coisas". Nossa missão, então, é entender como esse princípio funciona na contemporaneidade, para, aí sim, analisarmos como "cortamos" o que é supérfluo.

Na realidade, a humanidade está em guerra. Esse paradigma, a guerra, é perfeito para que possamos refletir sobre a construção política acerca do valor da vida humana, ou melhor, do que pode ser entendido como ser humano. A máquina política (atualmente orientada pela racionalidade da empresa trazida pelo neoliberalismo), por meio de seus dispositivos, convence-nos de que os cadáveres produzidos nessa batalha não mereciam, de fato, continuar vivos, ou, ao menos, se não se tornaram cadáveres, devem ficar armazenados sem qualquer contato com a sociedade dos estabelecidos[28].

---

[28] Conceito trabalhado de forma precisa por Norbert Elias (Elias; Scotson, 2000).

O paradigma "pessoa" será determinado pelo poder político ao estabelecer esquemas conceituais que controlam nossa capacidade de reconhecer certos padrões, implementando molduras que delimitam e configuram o reconhecimento, ou ainda, o não reconhecimento de determinadas vidas como pessoas, coisificando-as.

A melhor maneira de analisarmos o enquadramento normativo do conceito de pessoa proposto pelo poder político, informado pela razão neoliberal, dá-se por meio do exame do seu aspecto negativo, vale dizer, dos efeitos gerados com o fim da existência dessa pessoa, do sentimento que sua morte proporciona aos que continuam vivos. O enquadramento normativo forjará o conceito de pessoa por meio de sua precariedade e das consequências que essa condição de vida precária acarretará[29].

O enquadramento conduzirá à caracterização epistemológica daqueles que são considerados pessoas, bem como daqueles que são rebaixados à condição de coisa. E o ponto central dessa clivagem será a observância se uma vida é passível ou não de luto.

Portanto, "nem toda morte é portadora do mesmo poder de revelação, esclarecimento ou ensino" (Rubio, 2014, p. 96).

A observação da possibilidade de que a morte de uma pessoa seja marcada pelo luto determinará um sistema de demarcação de dois regimes de subjetivação: que sujeitos sejam reconhecidos como "pessoas" e que outros sejam taxados como coisa. Explicando melhor, um sujeito considerado "pessoa" pela moldura normativa imposta pelo poder político, ao morrer, causará dor e comoção, terá nome e uma história de vida; ocorrerá certa consternação social. De outro lado, quando um sujeito considerado "coisa" morre, essa

[29] O fundamento epistemológico de nossa argumentação neste tópico será, primordialmente, centrado na construção realizada por Judith Butler nas obras *Vidas precárias: os poderes do luto e da violência* e *Quadros de guerra: quando a vida é passível de luto*.

morte não é marcada por nenhuma narrativa, não causará dor nem, muitas vezes, espanto. Essa morte resume-se a um numeral, há uma normalização na perda desse "objeto". Infelizmente, presenciamos essa segunda hipótese com muita frequência, bastando, para tanto, uma rápida leitura das manchetes dos noticiários, nos quais se vê, por exemplo, "Incêndio mata 62 em campo de refugiados".

O filme americano *Os sete de Chicago*, um drama escrito e dirigido por Aaron Sorkin, é baseado na história real do julgamento de um grupo de ativistas e manifestantes acusado pelo governo estadunidense de conspiração e incitação, bem como de atos de violência durante protesto contra a Guerra do Vietnã. Em uma cena do filme, podemos perceber como a presença do luto e de uma narrativa da vida e da morte podem distinguir os mencionados regimes de subjetivação. Um dos réus, indignado com a indiferença das pessoas com a morte diária de vários jovens americanos — noticiada na imprensa somente pela quantificação numerária —, decide, ao longo de todo o julgamento (que se estendeu por dias), registrar o nome de cada um dos americanos mortos na guerra, identificando as respectivas famílias e os locais de onde vinham. Momentos antes do veredicto, esse réu se pôs de pé e passou a ler o nome, um a um, da enorme lista. As vítimas que antes configuravam vidas dispensáveis, caídas à condição de coisa, passam a ser vistas como indivíduos. Nesse caso, não há transmudação do paradigma subjetivo, o fato serviu para demonstrar aos presentes como estavam sendo guiados a respeito da capacidade de não reconhecer aquelas vítimas como "pessoas". A mencionada ação causou um choque na plateia que assistia ao julgamento e estampou a indiferença brutal no tratamento com o outro.

Como diz Judith Butler (2018b, p. 55), "a questão não é simples, pois, se uma vida não é digna de luto, ela não é bem uma vida; ela não se qualifica como uma vida e não é digna de nota. A vida já está desenterrada, se é que pode vir a ser enterrada". O reconhecimento dessa condição de indispensabilidade do sujeito, entendido como "coisa", altera o modo existencial de relacionamento entre as pessoas, uma vez que onde deveria existir uma relação intersubjetiva passa a se verificar uma experiência objetivante marcada pela expressão "Eu-Isso" (Buber, 2001).

Para Martin Buber, a relação é o eixo fundamental na existência do sujeito. Ele elabora uma fenomenologia da relação fundada no estudo das relações intersubjetivas e como estas, às vezes, transformam-se em relações objetivadas, ou seja, entre um sujeito e uma "coisa". Na existência relacional, configuram-se duas estruturas, caracterizadas pela palavras-princípio "Eu-Tu" e "Eu-Isso"[30].

A palavra-princípio "Eu-Tu" significa a própria relação ontológica na constituição do ser, que ocorre por meio do diálogo presente com a alteridade do "Tu". Assim, para a completude do "Eu", o "Tu" jamais poderia constituir-se em um objeto, uma coisa, em que o "Eu" enuncia-se, apenas, em sentenças qualitativas, com a intenção de estruturá-lo, utilizá-lo e superá-lo.

Entretanto, já vimos que a gestão neoliberal "coisifica pessoas" dispensáveis, fato instaurador da relação "Eu-Isso". Portanto, na relação do "Eu" com a "coisa" não há nenhuma barreira para a destruição desta, sendo ela imprestável para o uso. A rotulação da "coisa" como supérflua ocasiona uma explosão de condutas violentas de destruição ou contenção em relação a ela.

---

30 Importante registrar o pensamento de Buber nesse contexto: As duas palavras-princípio instauram dois modos de existência: a relação ontológica Eu-Tu e a experiência objetivante Eu-Isso. [...] As duas palavras-princípio ao se utilizarem não estabelecem dois modos de ser no mundo, mas também imprimem uma diferença no estatuto ontológico do outro. No entanto, o fundamento cabe à palavra-princípio Eu-Tu. Segundo Buber, o Tu ou a relação são originários. O Tu se apresenta ao Eu com sua condição de existência, já que não há Eu em si, independente; em outros termos, o si mesmo não é substância na relação. O Eu se torna Eu em virtude de Tu. [...] O Eu de Eu-Isso usa a palavra para conhecer o mundo, para impor-se diante dele, ordená-lo, estruturá-lo, vencê-lo, transformá-lo. Este mundo nada mais é que objeto de uso e experiência" (2001, p. 32-33).

A nossa indiferença com a prática da violência, nessa hipótese, se justifica pela atipicidade normativa do indivíduo que sofre a ação, não se encaixando no conceito de pessoa, tornando-o, em síntese, irreal no aspecto da vida humana, instaurando-se a relação "Eu-Isso", sendo "Isso" imprestável e indesejado. Com isso, a violência é praticada não em face de uma pessoa, mas de uma "não pessoa" — ou dessa pessoa "coisificada".

Insiste Judith Butler:

> Se a violência é cometida contra aquelas que são irreais, então, da perspectiva da violência, não há violação ou negação dessas vidas, uma vez que elas já foram negadas, mas elas têm uma maneira estranha de permanecer animadas e assim devem ser negadas novamente (e novamente). Elas não podem ser passíveis de luto porque sempre estiveram perdidas ou, melhor, nunca "foram", e elas devem ser assassinadas, já que aparentemente continuam a viver, teimosamente, nesse estado de morte (2018b, p. 54).

O sujeito não "passível de ser enlutado" é aquele que, por não se adequar ao esquema conceitual determinado pelo poder político, é desumanizado ao ponto de se operar sua coisificação e, consequentemente, imprestabilidade. Podemos concluir, então, que o conceito de pessoa não mostra uma questão de fácil percepção. A possibilidade epistemológica de apreender a vida e identificar um indivíduo reconhecido como "pessoa" — portador, em decorrência disso, de direitos garantidos pelo Estado — deriva do enquadramento em certa moldura normativa que se estabelece e se repete diariamente no mundo da vida, constituindo-o[31].

---

[31] "Os sujeitos são constituídos mediante normas que, quando repetidas, produzem e deslocam os termos por meio dos quais os sujeitos são reconhecidos. Essas condições normativas para a produção do sujeito produzem uma ontologia historicamente contingente, de modo que nossa própria capacidade de discernir e nomear o 'ser' do sujeito depende de normas que facilitem esse reconhecimento" (Butler, 2018a, p. 17).

Como veremos, a racionalidade neoliberal, ao estabelecer o modo empresa — fulcrado na concorrência e no "empresário de si mesmo" — como tipo conceitual do sujeito (seja ele o Estado, seja o indivíduo), estabelece, em última análise, que será alçado à condição de "pessoa" aquele que ostentar o fato de ser um consumidor ativo, e rebaixado à qualidade de coisa o consumidor falho.

## REFUGO HUMANO

A verticalização socioeconômica crescente destrói a solidariedade social e acirra a visão negativa da alteridade. O outro é visto como concorrente direto, logo, como inimigo. Esse cenário, repise-se, produz multidões de vidas precárias que se juntam e formam um grande cinturão mundial periférico.

Em razão disso, Robert Castel (2005) aponta o regresso das "classes perigosas", indicando a volta da massa que constituía o "exército de reserva" no período industrial. Entretanto, a situação atual traz uma peculiaridade fundamental para a abordagem da questão. Essas pessoas que estavam fora do mercado de trabalho, que estariam desempregadas, encontravam-se nessa situação apenas temporariamente. Como se pode extrair da própria expressão, "o prefixo 'des' indica anomalia. 'Desemprego' é o nome de uma condição claramente temporária e anormal, e, assim, a natureza transitória e curável da doença é patente" (Bauman, 2005, p. 19). A "classe perigosa" de hoje possui uma outra característica essencial (é preciso que se pontue essa diferença): é composta por indivíduos que estão excluídos de modo definitivo e permanente. Não são percebidos como fruto de uma eventual e passageira má sorte, eles não são mais úteis nem necessários para a ordem político-econômica que gere a sociedade pós-moderna. São supérfluos.

Hannah Arendt já se preocupava com o que denominou de "superfluidade" (Hayden, 2020, p. 28), situação decorrente da transformação do sujeito em "muçulmano"[32] em razão de sua dispensabilidade. O indivíduo supérfluo, indesejado, dispensável, não é aquele desprovido apenas de condições adequadas para sobrevivência, ele é um estranho no universo humano, em virtude de ser descartável. Ele perde, então, a qualidade de humano. Converter "seres humanos em seres supérfluos" foi, por exemplo, um dos pontos centrais no totalitarismo, continua Arendt (2012).

A redundância, a superfluidade e a dispensabilidade são estados completamente diversos da falta de emprego temporária ou da momentânea marginalização dela decorrente. O mundo globalizado e gerido pelo capital financeiro neoliberal não necessita dos serviços que antes, no período fordista, eram utilizados. Essa nova configuração de mundo proporciona um extranumerário sem utilidade de indivíduos, fazendo surgir, nas palavras de Mike Davis (2006), uma "humanidade excedente".

Com precisão, registra Bauman:

> Ser declarado redundante significa ter sido dispensado pelo fato de ser dispensável. [...] "Redundância" compartilha o espaço semântico de "rejeitos", "dejetos", "restos", "lixo" — com refugo. O destino dos desempregados, do "exército de reserva da mão de obra", era serem chamados de volta ao serviço ativo, o destino do refugo é o depósito de objetos, o monte de lixo (2005, p. 20-21).

Na sociedade de consumo, os consumidores falhos, aqueles que não têm capacidade econômica e cognitiva de empresa, não podem participar do "jogo" e, assim, não são mais necessários. São desumanizados, não possuem mais lugar na dita sociedade, não há mais espaço para eles. Tornam-se o refugo que deve ser recolhido em algum depósito.

---

32 Figura nomeada por Primo Levi e que, nas palavras de Slavoj Zizek, constitui "os mortos-vivos dos campos, os prisioneiros que perdiam a vontade de viver e arrastavam-se pelo campo, reagindo passivamente ao entorno" (2013, p. 55).

Embora repugnante, nenhuma coisa é criada com a qualidade de "lixo" ou é "lixo" por suas características intrínsecas. Esse "refugo", ou "lixo", surge como resultado da atividade humana desenvolvida no globo. A construção de nossa civilização e a manutenção da vida, nessa estrutura social contemporânea, são determinantes para a produção desse "refugo", desse "lixo", desse objeto descartável, possua ele natureza "humana" ou não.

É brilhante o texto de Edmund Leach, citado por Bauman (2005, p. 33), no qual ele demonstra que, quase por um passe de mágica, uma coisa portadora de qualidades positivas, o pelo humano, segundos após, passa a ser vista como poluente:

> [...] o pelo da cabeça, embora seja parte do corpo, é tratado com carinho, untado, penteado e ornamentado da maneira mais elaborada, mas logo que o cortam se torna "sujo", sendo explícita e conscientemente associado com substâncias poluentes, fezes, urina, sêmen e suor. A matéria "suja" é claramente mágica. Ela investe o barbeiro e o lavador de um perigoso poder agressivo, mas não é o poder de um indivíduo particular.

Infelizmente, essa mesma "mágica" é feita com pessoas, que, por não se enquadrarem mais no modelo imposto pelo poder que exerce o governo das populações, são coisificadas e tratadas como restos que devem ser removidos.

Diante da constatação de uma vida precária, que torna o indivíduo absolutamente vulnerável e excluído, duas possibilidades se abrem: ou, de um lado, se decide implementar políticas de acolhimento que visem garantir a sobrevivência e o bem-estar ou, de outro lado, potencializa-se a violência, aproveitando a vulnerabilidade demonstrada, causando o extermínio do indesejado. Infelizmente, a segunda opção foi eleita pelo Estado dirigido pela razão neoliberal.

Por um período, os indivíduos que eram considerados inúteis, violadores da lei ou perigosos eram enviados para as colônias, "purificando", assim, as ruas dos grandes centros urbanos. Diante da carência contemporânea de locais com tal finalidade, instaura-se uma grande crise na indústria de remoção do "refugo humano", ou seja, os Estados, não tendo mais as colônias como opção, colocam em prática uma verdadeira operação de guerra contra uma parcela de sua própria população.

Em razão da enorme quantidade de "refugos humanos" produzidos pelo projeto neoliberal, a "limpeza" da sociedade contemporânea ficará a cargo da eficiência (palavra-chave na lógica neoliberal) dos coletores de lixo e do incremento da atividade de remoção. Nesse mister, faz-se necessária a utilização de um dispositivo que legitime tal atividade e, ao mesmo tempo, convença a população da necessidade de utilizar a medida, mesmo que extrema, sob pena de seu próprio perecimento.

Voltamos à lógica belicista. Como já registramos, o protótipo da guerra é um padrão deveras utilizado na política contemporânea. A gramática belicista, utilizando o medo como afeto central na configuração das dinâmicas sociais, conduz o imaginário da população por meio da construção da figura de um inimigo que deve ser neutralizado.

A técnica da construção de um inimigo constitui um fator gerador de uma coesão social, legitimadora das ações estatais. A eleição de um grupo rotulado como perigoso para a sociedade não é novidade na história da humanidade. Já vimos ele ser representado por vários personagens, como as bruxas, os hereges, os índios, os criminosos natos, os judeus, dentre outros.

Portanto, a criação da figura simbólica do outro, do estranho, do inimigo, como sendo aquele que, mais cedo ou mais tarde, vai atentar contra nossa vida, nos despossuir, que vai violar a ordem da nossa sociedade, proporciona o sentimento necessário para legitimar a política baseada na gramática da guerra, de endurecimento penal para com determinada "classe-perigosa". Essa técnica de governar, como dito acima, cria a coesão social necessária, tanto externa como internamente, dependendo da natureza do inimigo escolhido. Em resumo, esse mecanismo permite que o temor seja direcionado a um objeto claramente identificável, isto é, concretiza e fabrica um medo determinado pela criação de um bode expiatório pretensiosamente causador de um mau futuro, incerto e abstrato.

Na fabricação desse inimigo, desloca-se a narrativa para o perigo da alteridade, com o discurso da agressão iminente que podemos sofrer em razão da periculosidade que o outro possui. Há uma clara técnica de divisão entre "nós" e "eles"[33], sendo "eles" os supérfluos, resíduos da sociedade, desprovidos da qualidade de pessoas.

Assim, nosso inimigo passa a ter um "rosto" definido. Hoje, por meio dessas representações, definimos os "rostos" do inimigo como sendo os do terrorista, do imigrante, do delinquente. E, de forma midiática, essa imagem é incutida no consciente coletivo. Em síntese, atrás de uma perspectiva hobbesiana, define-se o outro "como espécie de invasor potencial" (Safatle, 2018a, p. 17).

Mais uma vez, estamos em guerra. Uma guerra contra o indesejado, uma guerra que ocorre contra a população e que não busca a paz, mas a manutenção do estado de insegurança, fundado na generalização do medo — que autoriza e legitima a implementação constante do aparato securitário contra os "refugos humanos" — e na defesa do capital[34].

Esse modelo de guerra encontra eco no modo de operação do colonialismo, com a diferença que, agora, as práticas acontecem no interior das metrópoles e em desfavor dos "selvagens" internos e externos da própria população.

---

[33] A divisão da população em "nós" e "eles", com a naturalização de uma resposta à inferioridade e violência do outro, é o sintoma de uma política tipicamente fascista (Stanley, 2018).

[34] Insiste Maurizio Lazzarato que "a guerra contra o povo me parece a mais adequada para definir não apenas as estratégias militares, mas também as estratégias das políticas do neoliberalismo. Os dois associam, de maneira diferente, o civil e o militar, e encontram seu ponto de convergência na guerra contra as populações. [...] Essa guerra não tem começo nem fim, já que coincide com o controle da população. [...] Não há inimigo a vencer, mas somente vencidos a governar e terroristas a neutralizar. [...] Nessa instabilidade intervêm as 'técnicas de segurança' que almejam antecipar o que não pode ser antecipado, de modo que, justo por essa impossibilidade, multiplicam-se as intervenções" (2019, p. 65-70).

A lógica da guerra definidora da era atual traz em seu âmago um claro objetivo de separatismo. Há um evidente desejo endogâmico por parte da população, que não pretende se misturar, criando suas próprias ilhas isoladas dos demais, em especial da nova categoria de pessoas que ora analisamos. Vivemos o que Christian Dunker chamou de "a lógica do condomínio" (2015), em que um grupo de pessoas levanta muros e cercas, na pretensão de viver uma miniatura de sociedade privada e perfeita, longe dos males que o mundo externo pode proporcionar.

Em razão desse sentimento, percebemos o surgimento cada vez mais frequente de espaços de segmentação e fragmentação em todo o mundo. Surgem campos, acampamentos, barreiras, cárceres, guetos, favelas, ou seja, depósitos que visam única e exclusivamente separar e conter as "não pessoas".

Se a minoria abastada pudesse entrar em uma nave e se estabelecer em outro planeta, como retratado de maneira brilhante na distopia hollywoodiana *Elysium*[35], onde não fosse permitida, em hipótese alguma, a presença dos miseráveis que não têm valia, certamente o fariam.

Como já registramos, a grande questão da atualidade é o que fazer com os supérfluos, indesejados e considerados um excedente perigoso?

A resposta, como se demonstrará, é a implementação de um necroestado, que se vale do aparelho prisional para controle e segregação desse grupo. É a lógica do cárcere como depósito de "pessoas sem valor". Paulo Freire já se antecipava, afirmando que, por meio da técnica de contenção, operava-se a coisificação do oprimido:

> Não poderia deixar de ser assim. Se a humanização dos oprimidos é subversão, sua liberdade também o é. Daí a necessidade de seu constante controle. E quanto mais controlam os oprimidos, mais os transformam em "coisa", em algo que é como se fosse inanimado (2020, p. 64).

---

35 *Elysium* é um filme de ficção científica, produzido nos Estados Unidos, escrito e dirigido por Neill Blomkamp. Na película, mostra-se um cenário distópico que se passa no ano de 2154. A humanidade é dividida em dois grupos: uma minoria de privilegiados que vive em Elysium, um local construído no espaço, onde não há fome, violência, guerras ou doenças; e outra parte que sobrevive, abandonada e sem qualquer recurso, no que restou da Terra.

Voltando a Bauman, pontua o autor que cada refugo terá seu depósito de lixo correspondente. De fato, a mesma matriz paradigmática é aplicada ao novo modelo de contenção. Entretanto, existem modos diversos para personagens distintos. Estamos nos referindo aos campos de refugiados, aos presídios para os clientes da justiça penal, às prisões para os terroristas e aos centros de detenção para os imigrantes ilegais. Porém, esses dispositivos de contenção atendem à mesma racionalidade, vale dizer, à lógica pura e simples do armazenamento, das prisões-depósito. É importante registrar que, no presente estudo, abordaremos, especialmente, o modelo de prisão destinado àqueles que são processados pela justiça criminal.

Além dessas tecnologias de contenção dos supérfluos, o necro-estado se vale de práticas de extermínio e da guetização, que não fazem parte do recorte epistemológico que ora analisamos.

O crescente aumento da aglomeração do refugo supérfluo, causando medo e desconforto na sociedade, faz com que o Estado, guiado pelos objetivos neoliberais, opte por implementar a política de "lei e ordem", com um recrudescimento brutal de sua ação punitiva, gerando a exploração da população carcerária. Portanto, o Estado fomentou a "indústria de recolhimento de refugos", movimentando-se no sentido de criminalização dos grupos que, em razão de um processo de "etiquetamento" seletivo e de cálculos estatísticos de periculosidade, são rotulados como perigosos. Programas como o "Tolerância Zero" atingem em cheio o refugo humano concentrado nas grandes periferias.

Dessa forma, as prisões viram os contêineres fornecidos pelo Estado para contenção e neutralização daqueles que se tornaram "coisa" e não têm mais utilidade[36].

---

36 "Em suma, as prisões, como tantas outras instituições sociais, passaram da tarefa de reciclagem para a de depósito de lixo. Foram realocadas para a linha de frente a fim de resolver a crise que atingiu a indústria da remoção de lixo [...]. Se reciclar não é mais lucrativo e suas chances (ao menos no ambiente atual) não são mais realistas, a maneira certa de lidar com o lixo é acelerar a 'biodegradação' e decomposição ao mesmo tempo isolando-o de modo mais seguro possível, do habitat humano comum" (Bauman, 2005, p. 109).

A "distinção ontológica" que retratamos acima, na qual alguns são tidos como "pessoa" e outros caídos à condição de "coisa", é claramente delimitada na dinâmica colonial e na necropolítica nela implementada. A compreensão do desempenho da atividade punitiva do Estado brasileiro passa por entender a clivagem existente entre esses dois tipos de subjetivação e o tratamento destinado a eles.

Aimé Césaire (2020) destaca a equação representativa dessa tecnologia de dominação: "colonização = coisificação".

Dividir as pessoas em "úteis" e "inúteis" já era uma prática utilizada com normalidade no interior das colônias. A força de trabalho escravizado era, justamente, medida pela aptidão que o indivíduo tinha para o desempenho das atividades. A "cisão da humanidade em populações de 'úteis' e 'inúteis' — 'excedentes' e 'supérfluos' — era a regra, medindo-se a sua utilidade, basicamente, pela capacidade de desenvolvimento da força de trabalho" (Mbembe, 2017b, p. 25).

Com esse panorama, podemos perceber que o eixo central para a compreensão da sociedade brasileira é a reprodução das relações que foram desenvolvidas no interior da escravidão, pois a população ainda hoje se estrutura com base no modelo do latifúndio escravagista.

Esse modelo configura a dualidade ontológica no interior de nossa sociedade. Ele lembra parte da população de que ela não passa de uma coisa imprestável, não importando, em razão disso, a violência a que ela seja submetida. Ele é inserido no interior da vida cotidiana atual, autorizando o Estado a agir de acordo com esses parâmetros. É a implementação do que Achille Mbembe chamou de "necropolítica" (2018), em que o Estado organiza a vida e decide a respeito da morte e do extermínio.

Poderíamos citar vários e vários exemplos da intervenção estatal em que se vê o massacre daqueles que são espoliados economicamente, discriminados em razão de sua raça e relegados a um lugar de desprezo completo, como as centenas de mortes nas favelas em razão da atividade policial, o extermínio em presídios, a tortura e muitos outros. Porém, gostaríamos de destacar a utilização do sistema penal no desempenho de um papel preponderante nas táticas de dominação colonialista, não somente pelo extermínio direto, mas por meio da criminalização e da prisão desse grupo de pessoas que compõe a imensa maioria de nossa população. O maior exemplo, portanto, é a superlotação e as condições materiais de nossas unidades prisionais, uma demonstração evidente de que a afirmação que vivemos numa democracia não pode ser verdadeira, ao menos em seu aspecto material.

A consequência da criação desse modelo de exclusão definitiva de pessoas que passam à qualidade de "coisas desnecessárias", de "numerário excedente", de indesejadas, transforma a estrutura estatal na medida em que abandona a qualidade de um Estado social, implementador de políticas de inclusão, e assume o caráter de um Estado penal, voltado para a segregação da multidão precária e excluída, por meio da utilização do dispositivo prisional.

## O DESLOCAMENTO DO BRAÇO SOCIAL PARA O BRAÇO PENAL DO ESTADO: O GRANDE ENCARCERAMENTO

Como estamos tentando demonstrar, a hipertrofia do aparelho punitivo e o crescimento vertiginoso da taxa de encarceramento, a partir do recorte histórico do presente estudo (último quarto do século XX), passam ao largo de caracterizar um acontecimento fortuito ou uma anormalidade sistêmica. A explosão do encarceramento mundial, que não guarda qualquer relação com o eventual aumento no índice de criminalidade, mostra-se, na realidade, "um componente essencial da nova anatomia do Estado, na era do neodarwinismo econômico" (Wacquant, 2015b, p. 49).

A modificação do cenário prisional é fruto da reformatação do Estado em razão da influência exercida pela lógica neoliberal. Conforme sustenta Pierre Bourdieu, ocorre uma alteração na configuração de preponderância e domínio entre as forças que disputam a hegemonia no interior do campo burocrático.

Diferentemente de Foucault ou Marx, Bourdieu, muito em decorrência de ter experimentado na pele a dominação do capitalismo financeiro imposta pelo neoliberalismo, bem como vivido as alterações sociais daí decorrentes, propõe outro viés na abordagem que realiza a respeito da ideologia neoliberal. Destarte, Bourdieu torna-se o "intelectual antineoliberal" a partir da década de 1990, quando o neoliberalismo já se encontrava estabelecido. Sua obra *A miséria do mundo*, publicada originalmente em 1993, praticamente marca o início do combate bourdieusiano contra a dominação política exercida pela razão neoliberal. Para o sociólogo francês, o neoliberalismo é um modo de dominação (Laval, 2020, p. 29).

> [...] o programa neoliberal tende assim a favorecer globalmente a ruptura entre a economia e as realidades sociais, e a construir nesse mundo, na realidade, um sistema econômico ajustado à descrição teórica, isto é, uma espécie de máquina lógica, que se apresenta como uma cadeia de constrangimentos enredando os agentes econômicos (Bourdieu, 1998, p. 138).

Bourdieu enfatiza, ainda, que uma das linhas de atuação do neoliberalismo consiste em atentar contra as políticas sociais desenvolvidas no campo burocrático, visando ao completo desmanche do *Welfare State*, causando, com isso, a elevação da desigualdade, a ruína das instituições coletivas e um darwinismo moral[37].

Entretanto, dentro dessa perspectiva, não houve um aumento exponencial da criminalidade, o que de fato se deu foi o aumento

---

[37] "Os *think tanks* de onde saíram os programas políticos de Reagan ou Thatcher, ou, depois deles, Cleiton, Blair, Schröder ou Jospin, tiveram para estar em condições de romper com a tradição de *Welfare State*, que operou uma verdadeira contrarrevolução simbólica e produziu uma doxa paradoxal: conservadora, apresenta-se como progressista; restauração do passado no que às vezes tem de mais arcaico (particularmente em matéria de relações econômicas), faz passar regressões e processos por reformas ou revoluções. Isso pode ser visto em todas as medidas que visam desmantelar o *Welfare State*, ou seja, destruir todas as aquisições democráticas em matéria de legislação do trabalho, saúde, proteção social ou educação" (Bourdieu, 2011, p. 41).

dos "refugos humanos" — mendigos, imigrantes sem documentação, desempregados, toxicômanos etc. — em nossas cidades, isto é, os refugos subiram à superfície e poluíram o cenário social, configurando a mais pura encarnação da ameaça à segurança. A toda evidência, como já sucedera outrora, na passagem do feudalismo para a era industrial, essa situação proporciona a ocorrência de crimes patrimoniais em razão da necessidade de sobrevivência. E, hoje em dia, também aumenta a incidência de delitos ligados a substâncias entorpecentes, mas nem de perto algo que justificasse a transformação do quantitativo prisional no montante em que podemos constatar.

O cárcere é o dispositivo perfeito para inviabilizar esse grupo de indesejáveis. A política neoliberal fomenta a utilização do confinamento como técnica para tornar invisíveis os supérfluos que essas próprias políticas criaram. Acontece, assim, a expansão da utilização do aparelho penal, aumentando a "criminalização da pobreza", modificando o tempo e a função das penas, e reduzindo as garantias constitucionais penais. A justiça penal passa a se preocupar com a gestão de grupos de risco, abandona os postulados iluministas do direito penal, fundados na verificação da culpa em virtude da ocorrência de um fato concreto, e adota os conceitos de periculosidade e de risco oriundos das características individuais do sujeito, para fins de sua neutralização.[38]

As ciências sociais, como insiste Rui Pedro Pinto (2016, p. 63), não têm demonstrado a relação de causalidade direta entre crime e punição, e tampouco entre crime e sentimento de insegurança. A doxa punitiva implementada pela razão neoliberal guarda relação com a necessidade de contenção do produto por ela criado. Então,

---

38 Nesse sentido, escreve Vera Regina de Andrade: "Trata-se do campo de maior visibilidade social, construído como o campo de desordem e da criminalidade (da rua, de periferia, da favela e do morro, mas também do campo e mesmo entre as nações), que requer limpeza, varredura, esconderijo, eliminação. É precisamente esse campo causador do medo e da demanda (das elites contra pobres e excluídos) por segurança (dos seus corpos e do seu patrimônio) para o qual convergem, reforçado a secular seletividade classista e estigmatização do sistema penal" (2012, p. 163-164).

a partir da criação de um medo coletivo causado pela sensação de ameaça latente de violência e desordem social fomentada em larga medida pela mídia, cria-se a figura do "outro como inimigo", legitimando práticas e políticas estatais repressivas.

Para Löic Wacquant (2015b, p. 21), o Estado usa a penalização para gerenciar as agruras sociais. O "nômade social" é etiquetado como criminoso, valendo-se o Estado, para tanto, de políticas como o programa "Tolerância Zero", implementado inicialmente em Nova Iorque e depois globalizado. "A penalização serve aqui como uma técnica para a invisibilização dos problemas sociais do Estado."[39]

Para compreendermos o Estado penal estabelecido pela gestão neoliberal, mostra-se importante realizar uma abordagem sob o prisma do conceito de campo burocrático cunhado por Bourdieu.

A sociedade não é uma mônada maciça e estática. Para o sociólogo francês, ela é compreendida como um espaço social em que atores lutam, de acordo com os capitais que possuem, para alcançar posições sociais de destaque e o domínio do campo. Existem vários tipos de campo, que variam segundo regras próprias e objetivos diversos. No presente momento, interessa-nos o exame do campo burocrático, categoria criada por Bourdieu para redefinir o Estado como um espaço de disputas pela ocupação do polo dominante e, consequentemente, de manipulação dos bens públicos e do poder de decisão na aplicação das políticas públicas destinadas a tratar dos problemas sociais. Portanto, no interior do Estado há uma composição heterogênica de forças que se encontram em constante disputa pelo domínio do campo.

De plano, esse conceito nos lembra um ponto que merece especial destaque em nossa abordagem. Devemos registrar que não compartilhamos o pensamento de que haja uma conspiração da história contra os pobres e excluídos ou de que exista um plano maligno executado por entidades superiores para subjugar os mais enfraquecidos. Na realidade, há um fluxo frequente de liberação de

---

39 Afirma, ainda, Wacquant que "a 'tolerância zero' é o complemento policial indispensável do encarceramento em massa, o que leva à penalização da miséria tanto na Grã-Bretanha como nos Estados Unidos" (2011, p. 58).

forças, por meio do exercício de violência material e simbólica para concretização de políticas e valorização da quantidade de capitais em jogo. Essa batalha irá determinar para que direção o Leviatã se movimentará. O campo burocrático é um espaço desterritorializado no qual ondas de poder buscam uma posição de domínio. Há um movimento social de luta constante entre uma gama diversa de agentes e instituições que buscam a dominação dos bens públicos.

O domínio neoliberal não ocorre em razão de um ente onipresente e onipotente que põe em marcha um plano de destruição, com a implementação do poder punitivo estatal. Nesse contexto, circunstâncias sociais, políticas e econômicas fazem o setor penal preponderar em relação ao setor social no campo burocrático.

O estabelecimento do Estado penal é o resultado de batalhas travadas no campo burocrático, em especial no tocante a "três linhas de ações governamentais relacionadas com o mercado de trabalho, o bem-estar social e a justiça criminal" (Pinto, 2016, p. 48). Ou seja, há relação estreita e dialética na preponderância do desenvolvimento de uma política social ou de uma política penal, uma vez que o incremento de uma decorre do enfraquecimento da outra, e essa posição de duas faces do mesmo objeto verifica-se em razão da identidade dos destinatários dessas políticas, que, embora com objetivos diversos, atingem, basicamente, o mesmo grupo social.

No tocante à causalidade existente no sentido de que o crescimento de um implica a diminuição do outro, quando falamos dos setores penal e social do campo burocrático, precisas são as palavras de Löic Wacquant:

> Se as mesmas pessoas que exigem um Estado mínimo, a fim de "liberar" as "forças vivas" do mercado e de submeter os mais despossuídos ao estímulo da competição, não hesitam em exigir um Estado máximo para assegurar a 'segurança" no quotidiano, é porque a pobreza do Estado social sobre o fundo da desregulamentação suscita e necessita da grandeza do Estado penal. É porque esse elo causal e funcional entre os dois setores do campo burocrático é tanto mais forte quanto mais completamente o Estado se livre de qualquer

> responsabilidade econômica e tolera, ao mesmo tempo, um elevado nível de pobreza e uma pronunciada ampliação da escala das desigualdades (2015b, p. 48).

Existe, então, uma divisão em dois setores bem definidos no campo burocrático, ambos visando ao tratamento das questões que envolvem as classes populares. Bourdieu denominou de "mão direita" do Leviatã o setor que tem a função de organizar a ordem econômica e legal, além de administrar a justiça criminal (como acrescenta Löic Wacquant), e de "mão esquerda" aquele setor encarregado do implemento de cuidados sociais, representados pelo direito ao trabalho, à educação, à moradia e à saúde (Wacquant, 2015a).

A lógica neoliberal atua nessa disputa pelo controle do campo burocrático, provocando um deslocamento da "mão esquerda" para a "mão direita", isto é, há uma hipertrofia do braço penal do Estado e uma consequente atrofia do braço social. Esse fato se constata pela reorganização orçamentária, pelo foco da atividade dos agentes e das instituições públicas e pela narrativa amplamente veiculada pela mídia[40]. Como explica Wacquant (2015a, p. 8), "há uma colonização do setor assistencial pela lógica punitiva e panóptica".

A assistência social deixa de ser prioridade para o Estado, inclusive alterando a própria função da pena criminal no tocante à reabilitação

---

40 Demonstrando esse fenômeno nos Estados Unidos, Wacquant registra: "Em 1991, o republicano John Engler tornou-se governador de Michigan, estado predominantemente democrata, defendendo uma agressiva plataforma que contrariava ao bem-estar social. Ele ordenou imediatamente que o Departamento de Serviços Sociais passasse a se chamar Agência para a Independência familiar (*Family Independece Agency*) e o AFDC, Programa para a Independência Familiar (*Family Indendence Program*). Muito embora os gastos com a *General Assistence* já tivessem sido reduzidos de US$ 342 milhões em 1985 para US$ 217 milhões, Engler invocou a necessidade de equilibrar o orçamento estadual e evitar a formação de uma classe permanente de malandros 'fisicamente capazes'. Com isso, reduziu aquele orçamento para magros US$37 milhões em 1992, antes de terminar o programa abruptamente em 1993. Em contrapartida, naquele ano, Michigan gastou US$ 1,32 bilhão para encarcerar 44.000 condenados, e o custo estimado de cada prisioneiro foi 11 vezes superior à quantia média destinada a um beneficiário do sistema de bem-estar social" (2015b, p. 99-100).

do preso, deslocando essa ideia para o desempenho eficaz na contenção e neutralização dos excluídos. Para tanto, o sistema prisional começa a desempenhar função central nessa realidade. O cárcere com o escopo de armazenar os supérfluos, abandonados pelo mercado globalizado, passa a ser o principal eixo da intervenção pública na sociedade. Além da prisão, outros dispositivos panópticos são aplicados para a eficácia desse controle, como liberdade condicional vigiada, monitoramento eletrônico e penas de prestação de serviço comunitário.

A transformação no interior do campo burocrático gera dois movimentos que ocorrem concomitantemente (em meados de 1970): o abandono das políticas sociais e o consequente crescimento dos ideais punitivos do braço penal que se estabelece no espaço deixado por essas políticas. Essa clivagem configura o momento da virada punitiva, com a implementação de novas penalogia e política criminal na gestão das populações precarizadas.

O discurso de "guerra contra a pobreza" transformou-se em "guerra contra os pobres". O Estado penal, assim, passa a "gerenciar custos e controlar populações perigosas" (Malcom; Simon, 1922, p. 466 apud Wacquant, 2015b, p. 124).

A partir dessa ruptura, houve um giro de 180 graus no cenário da população carcerária mundial. Contrariando as expectativas dos estudiosos do tema — que, naquele momento, afirmavam a estabilidade do sistema penitenciário no que se refere à taxa de encarceramento, indicando, inclusive, sinais de queda —, o que se constatou na realidade foi uma explosão da população carcerária mundial. Os Estados Unidos, por exemplo, contavam com cerca de 400 mil presos em 1975, passando para 750 mil em 1987 e superando o número de mais de 2 milhões em 1998, continuando em franco crescimento. A situação é semelhante em diversos países, não sendo tal tendência exclusividade estadunidense. Nesse período, taxas de aprisionamento aumentaram 40% na Itália, na Inglaterra e na França, 140% em Portugal e 200% na Espanha e nos Países Baixos (De Giorgi, 2006, p. 94-96).

Essa triste realidade repete-se no cenário brasileiro, como veremos mais à frente.

# A GESTÃO PUNITIVA E A NOVA RACIONALIDADE DO CÁRCERE

## O QUE É A PRISÃO?

A aparente simplicidade que se vê nessa pergunta mascara o infinito caleidoscópio de respostas que se pode alcançar.

Como vimos, no final do século passado existia praticamente uma uniformidade de entendimento entre os acadêmicos que se debruçaram no estudo dos rumos da pena de prisão, no sentido de que esta se encontrava em plena decadência. Todos viam a prisão como uma instituição em declínio, destinada a ser substituída, no médio prazo, por instrumentos de controle social mais difusos e diversificados.

Entretanto, tal perspectiva não se confirmou.

Ao longo dos séculos XIX e XX, desde sua gênese, a questão penitenciária apresenta-se como uma grave problemática global. Na atualidade, organismos internacionais, gestores públicos, organizações não governamentais e estudiosos do mundo inteiro apontam para a crise da instituição prisional, em razão de uma crescente realidade de superlotação e condições desumanas de aprisionamento.

Esse encarceramento em massa, decorrente do crescimento da onda punitivista atual e indispensável para o estabelecimento de uma ideologia neoliberal, faz com que a longínqua esperança na ressocialização de algum preso se desmanche no ar, restando a terrível constatação de que a prisão representa, única e exclusivamente, um depósito de seres humanos.

Em 1849, Fiódor Dostoiévski escreveu, na parede de sua cela na prisão em que se encontrava, uma história intitulada “O Padre e o Demônio”. Nela, o diabo questionava o padre sobre o motivo de ele ter mentido para as pessoas quando as aterrorizava com a vinda do inferno depois da morte. Continuava o demônio indagando se não bastavam os sofrimentos terrenos e, enquanto isso, conduzia o sacerdote por alguns lugares na terra. Após algumas paradas, chegaram a uma prisão, onde o diabo lhe mostrou uma cela, com seu ar viciado e as variadas formas humanas (ou quase humanas), desprovidas de saúde e energia, deitadas no chão, cobertas por vermes que devoravam os seus pobres corpos seminus e desnutridos.

Nesse momento, ordena o diabo que o padre retire suas roupas, coloque as correntes nos tornozelos e se deite no chão frio e imundo. No mesmo instante, o padre suplica que o deixe ir embora, porque não suportava tal sofrimento, e exclama: "Sim, este é o inferno!".

Esse texto foi escrito há muitos anos na escura e fria Rússia, na parede de uma das mais horríveis prisões daquele país. No entanto, quem pode afirmar que isso não se aplica com a mesma força na atualidade?

Com as nossas tão vangloriadas reformas, nossas grandes mudanças sociais e nossas descobertas de longo alcance, os seres humanos continuam a ser enviados para o pior dos infernos, onde são ultrajados, degradados e torturados, para que a sociedade seja "protegida" desses fantasmas de sua própria criação.

Prisão, uma proteção social ou um fracasso social?

Embora na maioria dos países ocidentais, como no Brasil, um sujeito seja considerado inocente até que seja condenado definitivamente, os instrumentos da lei e da política perpetuam o império do terror, aprisionando indiscriminadamente, espancando e aterrorizando pessoas com a utilização de métodos bárbaros, mesmo sem nenhum decreto condenatório, fazendo-o apenas de forma cautelar. De outro lado, não é segredo que, quando o desafortunado indivíduo é contemplado com a "misericórdia" da lei e, para o bem da segurança pública, é lançado no pior dos infernos, inicia-se seu real calvário. Roubado de seus direitos enquanto ser humano, degradado a um mero autômato sem desejo ou sensações, totalmente dependente da graça de seus guardiões, passa diariamente por um processo de desumanização que, quando a esta comparada, a vingança selvagem torna-se insignificante.

Nessas instituições totais[41], sua vontade é quebrada; sua alma, degradada; e seu espírito, subjugado pela monotonia mortal, pela rotina da vida presidiária e pela necessidade de adaptação instintiva de sobrevivência.

A sociedade não ouve os gritos aterrorizantes dessas câmaras de horror, porque as paredes dessas prisões abafam o som e inviabilizam seus integrantes. Porém, ano após ano, os portões do inferno devolvem ao mundo uma parte náufraga da humanidade, esquálida, deformada, sem vontade própria, com a marca da besta em suas testas, com esperanças esmagadas e inclinações naturais frustradas.

Sem nada, mas com a fome e a desumanidade para recebê-los, com os corpos transformados para e pela vida no cárcere e com a subjetividade reconstruída para sobreviver no mais árido ambiente, essas pessoas logo mergulham no crime como a única possibilidade de existência.

Malgrado o triste e repugnante cenário posto, somos condicionados a pensar as prisões como algo inevitável para quaisquer transgressões convencionadas socialmente. A punição, melhor dizendo, esse modelo de punição, já foi normalizado no imaginário social, por isso qualquer ação que vise questionar tal *standard* e sustentar uma diminuição da utilização desse dispositivo é, de imediato, tida por utópica. No entanto, algumas perguntas são inafastáveis, e necessariamente devemos fazê-las: o que, na verdade, são as prisões? Como se pune? As prisões são espaços de real ressocialização, como se propõem? Quem define o que é crime e quem é criminoso?

Para começar a entender o tema e a esboçar algumas linhas como resposta às perguntas acima registradas, socorremo-nos,

[41] "Uma instituição total pode ser definida como um local de residência e trabalho onde um grande número de indivíduos com situação semelhante, separados da sociedade mais ampla por considerável período de tempo, levam uma vida fechada e fortemente administrada" (Goffman, 2015, p. 11).

primeiramente, em Michel Foucault, destacando a ideia central de que se deve tomar o castigo na perspectiva da governamentalidade, vale dizer, observar a punição nessa perspectiva política como técnica para gerir corpos sociais. Foucault define poder não como uma coisa, uma instituição, uma estrutura, mas, sim, como relações de força. Assim, o dispositivo prisional ganha realce, uma vez que se mostra fundamentalmente útil para que alguns possam, em certa medida, controlar e determinar o comportamento de muitos. Com o surgimento da prisão nos moldes que conhecemos, instaura-se como conceito central a vigilância em detrimento da punição, do suplício.

Portanto, a punição abandona o espetáculo do despedaçamento corporal para ser concebida como uma função social complexa, desconsiderando seu principal aspecto negativo, ou seja, deixando de lado seu efeito repressivo para enfatizar o aspecto positivo que tal castigo pode produzir. Dessa forma, a primeira função social ou regra metódica da punição é, ao invés de dar ênfase aos seus resultados negativos de extermínio, focar nos efeitos positivos que ela pode produzir.

A partir do século XVII, a massa de trabalhadores feudais despossuídos e desempregados que migrava para os novos centros europeus, associada à nova realidade capitalista decorrente da industrialização, formava um ambiente de temor na sociedade em relação à ocorrência de crimes e manifestações de violências populares. Em razão disso, foram criados locais específicos para isolamento das pessoas que se amoldavam nesse padrão. "Esse é o processo, ou uma série de processos, que Foucault chamou de 'segregação'" (Giddens, 2008, p. 208).

Nesse contexto, observando o caleidoscópio foucaultiano, devemos não somente considerar os métodos punitivos simplesmente como consequências do direito, mas concebê-los, sim, como técnicas que têm sua especificidade no campo geral das técnicas de poder. Dessa forma, como já dito, deve-se tomar as reprimendas no viés da tática política, instaurando uma economia política dos corpos.

O dispositivo disciplinador, longe de apenas castigar, instaura uma mecânica de poder que condiciona e determina uma gama variada de comportamentos individuais no seio social.

## GOVERNAMENTALIDADE POR MEIO DA MÁQUINA PRISIONAL

O abandono do regime feudal e a pujança da economia capitalista alavancaram a potência do medo do delito e da violência, a ponto de legitimar que o governante, sob o argumento de proporcionar aos indivíduos a segurança esperada, utilize dispositivos punitivos como expressão de poder e, por meio disso, governe pelo delito. Notem que, como menciona Jonathan Simon (2011, p. 15), aqui não se confunde "governar pelo delito" com "governar o delito". A toda evidência, o controle, a prevenção e a reprimenda da prática delituosa devem ser estimulados. Entretanto, tal fato não se confunde com a utilização do medo e das máquinas punitivas para o controle da população.

A esse exercício de poder sobre a vida, Foucault dá o nome de biopoder. A nova modalidade de poder foi introduzida, pela primeira vez, em uma palestra que o autor francês proferiu no Rio de Janeiro, em 1974, tendo, mais tarde, articulado o conceito com os de biopolítica e governamentalidade. Nesse diapasão, interessa-nos como o poder é exercido para gerência da população por meio da punição.

Como já ficou registrado, o poder não é, ele se exerce relacionalmente:

> É a multiplicidade de correlações de força imanentes ao domínio onde se exercem e constitutivas de sua organização; o jogo que, através de lutas e afrontamentos incessantes as transforma, reforça, inverte; os apoios que tais correlações de força encontram umas nas outras, formando cadeias ou sistemas ou, ao contrário, as defasagens e contradições que as isolam entre si; enfim, as estratégias em que se originam e cujo esboço geral ou cristalização institucional toma corpo nos aparelhos estatais, na formulação da lei, nas hegemonias sociais (Foucault, 2015b, p. XIV).

O poder configura, então, um ponto central onde se encontram as relações de força.

Destarte, o poder, que historicamente sempre foi percebido por seu aspecto exclusivamente vertical e negativo, passa a possuir uma explicação estratégica e positiva. Ou seja, o poder a partir de agora se apodera, principalmente, do campo da vida, organizando, gerindo e governando-a.

O exercício do poder ocorre por meio da ação de "conduzir condutas" (Lemke, 2017, p. 24), com o emprego de uma racionalidade de governo chamada de governamentalidade.

Nesse contexto, é importante destacar a ideia foucaultiana de biopolítica, que aparece como uma forma de biopoder (Pelbart, 2011, p. 57), conforme se pode extrair do curso ministrado no *Collège de France*, em março de 1976, e publicado com o título *Em defesa da sociedade*.

Foucault articula o conceito de biopolítica com a intenção de distanciar a noção de poder existente na teoria clássica da soberania das práticas que ele identificava pela consolidação do capitalismo moderno. "Enquanto o poder do soberano *faz morrer* e *deixa viver*, o biopoder *faz viver* e *deixa morrer*. Dois regimes, duas lógicas, duas concepções de morte, de vida e de corpo" (Pelbart, 2011, p. 55).

Com o nascer do século XVIII, tem fim o período do suplício nas punições e instaura-se a sociedade da disciplina (expressão cunhada por Foucault). Abandona-se o conceito do exercício de um poder negativo sobre a vida e os corpos, para a implementação de uma lógica de atuação positiva no uso do poder. A passagem do postulado do "fazer morrer" para o "fazer viver" ocorre em razão da alteração radical na organização do poder.

Naquele momento de transformação, o "fazer viver" significa uma atuação de gerência da vida, de organização da população que exigia o exercício de uma biopolítica, por meio de critérios de governamentalidade em que, ao mesmo tempo, moldava-se o indivíduo e conduzia-se a população com o emprego de dispositivos de disciplina. Como veremos, hodiernamente, o foco não está mais centrado na disciplina, mas no controle, em virtude das inovações carreadas pela nova razão do mundo — ou seja, o neoliberalismo, conforme insistem Pierre Dardot e Christian Laval (2016). Entretanto, a fórmula da biopolítica ainda se mostra perfeitamente adequada para o governo de todos.

Essa gerência da população, seja no momento do predomínio dos ideais de disciplina, seja no de controle, é materialmente concretizada por meio da implementação de tecnologias de segurança.

Com a virada neoliberal na década de 1970, Foucault já dava sinais da superação da sociedade disciplinar pela de controle ao afirmar que estávamos vivendo em uma sociedade de segurança, onde há prevalência dos dispositivos de segurança em detrimento das máquinas disciplinares.

Portanto, toma relevo o dispositivo prisional.

Importa, ainda, examinar o tratamento destinado por determinada sociedade àqueles que não se adequam às regras impostas pelo poder. Esse exercício possibilita-nos enxergar de qual sociedade estamos efetivamente falando. A forma de punir está intimamente ligada aos critérios socioeconômicos que informam certo grupo social.

Em *Vigiar e punir*, Foucault (2014) marca o ponto do nascimento da prisão nos moldes em que conhecemos, percorrendo um caminho histórico da punição que vai do período absolutista à vigilância da sociedade disciplinar.

A prisão como dispositivo de punição tem, para o autor francês, uma função social complexa, na medida em que não apenas produz efeitos repressivos, mas importa uma gama de consequências positivas em razão de sua utilização. Desse modo, a máquina prisional não representa somente a expressão do saber jurídico penal, que se traduz na aplicação do direito em caso de uma infração legal. Ela é, também e principalmente, concebida como uma técnica do poder, utilizada em conformidade com uma racionalidade política previamente pensada e estabelecida.

Como Rusche e Kirchheimer (2004) sustentaram na obra *Punição e estrutura social*, todo sistema punitivo guarda relação estrita com os sistemas de produção que informam determinada sociedade.

Assim, constata-se que não foi por pureza ou preocupação com a humanização das reprimendas que a burguesia pós-Revolução Industrial decidiu abandonar a pena de suplício e criar a prisão disciplinar que conhecemos. Isso se deu, na realidade, em razão da necessidade de construir subjetividades adequadas e corpos "dóceis e úteis" para o trabalho na fábrica em favor do capital.

Estamos diante de uma economia política da punição colonizadora do corpo.

Foucault pretendia demonstrar que as prisões têm uma racionalidade que supera o simples fato de punir, isto é, representam uma máquina de adestramento humano, adequada à realidade socioeconômica, bem como individualizam e organizam por meio de diversos modos de violência o corpo social. Em outras palavras, "induzem toda uma série de efeitos no real, cristalizam-se em instituições que informam o comportamento dos indivíduos, servem de grade para a percepção e apreciação das coisas" (2015b, p. XIX).

Portanto, surge um momento em que a utilização do suplício como método de punição não interessa mais ao grupo que exerce o poder governamental. Desde o instante em que a burguesia assume um papel de primazia, percebemos que a sociedade se transforma e uma nova organização temporal e espacial se estabelece, ganhando realce o modelo disciplinar, com o escopo de favorecer a classe dominante.

A prisão não surge de um passo de mágica. A "morte" do rei transforma completamente a sociedade, fazendo nascer uma nova dinâmica e um novo foco de poder.

A burguesia, agora, formata a sociedade e determina seus novos inimigos, criando a máquina prisional por duas razões centrais. A primeira é transformar o corpo indolente, indisciplinado, delinquente, em corpo útil para a produção do capital. E a segunda, controlar os ilegalismos populares, uma vez que tem a clara noção de que foi a tolerância ao ilegalismo que a catapultou ao poder.

Em síntese, a partir do final do século XVIII, a classe burguesa assumiu o poder e acabou com qualquer tipo de aceitação dos ilegalismos populares. Há uma ruptura com o Antigo Regime. O que por vezes era tolerado pelo regime anterior, como o exemplo citado por Marx (2017) de recolher gravetos caídos no solo, passa a ser proibido e severamente punido, em virtude de se caracterizar como uma ameaça à nova ordem de fluxo do capital.

A burguesia depositou todo o seu capital nas mãos da camada popular, ao passo que investiu em uma economia fundamentada na indústria. As máquinas, as ferramentas, os estoques, tudo passou a estar no domínio do operariado, portanto, não podia mais admitir, como no regime que a antecedera, os furtos, as pequenas depredações e outros pequenos delitos, com medo de que o crescimento dos desrespeitos à lei pudesse derrubá-la do poder.

Surge a necessidade de traçar uma divisória bem nítida entre trabalhadores e delinquentes. O glamour existente ao redor de algumas figuras lendárias, que de ladrões se tornavam heróis no imaginário popular, tinha que ser completamente abolido, em razão do custo que tais delitos causavam à nova ordem capitalista.

Objetivando a manutenção do poder e a contínua exploração, com diminuição de qualquer tipo de perda, desponta uma nova estratégia: fazer com que o povo — que, antes, em algumas situações, idolatrava rebeldes descumpridores da lei — compre a ideia de que tais ilegalismos constituem uma conduta altamente reprovável. A sedimentação dessa sugestão na população é um dos fatores que colaboram para o nascimento da prisão nos moldes que conhecemos.

Essa estratégia explica os discursos de ódio que, ainda hoje, vemos em nossa sociedade.

Então, podemos afirmar que o exercício do poder até nossos dias utiliza a máquina prisional como dispositivo de gerência da população e do indivíduo enquanto tal.

Ao dizer que a política é a guerra por outros meios, Foucault inverte o aforismo de Clausewitz e conclui que "é a noção de guerra civil que deve ser posta no cerne de todas as análises dos sistemas penais" (2015a, p. 13). E continua: "Está em curso a guerra social, não a guerra de todos contra todos, mas a guerra dos ricos contra os pobres, dos proprietários contra aqueles que não possuem nada, dos patrões contra os proletários" (ibid., p. 21).

Desde que ganhou predominância social, a forma capitalista trouxe a reboque o modelo militarizado de segurança. A guerra contra o inimigo é fundamental para a livre circulação do capital, mormente nos dias de hoje, em que a globalização possibilita uma circulação em grande escala. O neoliberalismo produz uma promíscua relação entre o capital e as forças armadas. Nessa linha, afirma Maurizio Lazzarato que "a velha arte militar da logística desempenhou um papel crucial na construção da fábrica social global" (2019, p. 59).

O capital só circula com segurança em razão da ação das máquinas de guerra estatais, que intervêm de modo direto na maneira de gerir e controlar a população. Ou seja, os governos fazem uso dos dispositivos securitários para neutralizar a parcela da população que porventura se adeque ao grupo considerado de risco, por meio dos cálculos estatísticos de governamentalidade.

O mercado capitalista neoliberal global utiliza critérios atuariais, como a logística e as técnicas de guerra, principalmente guerra contra a população, com o escopo de diminuição de danos.

Nesse momento, devemos deixar bem claro a respeito de que guerra estamos falando.

> Entre as novas definições da guerra que os debates entre militares produziram após a guerra da União Soviética, "a guerra contra o povo" parece-me a mais adequada para definir não apenas as estratégias militares, mas também as estratégias do neoliberalismo. Os dois associam, de modo diferente, o civil e o militar, e encontram seu ponto de convergência na guerra contra as populações (Lazzarato, 2019, p. 65-66).

Tal constatação não conduz ao sumiço do Estado, ao contrário, importa na verificação da intensificação de sua intervenção — no entanto, com a utilização de uma nova estratégia, qual seja a estratégia do capital. Nesse diapasão, o Estado não exerce o poder de maneira independente e isolada, como outrora. Ele age em conjunto com outros fluxos de potência, primordialmente o financeiro, e juntos ditam a estratégia a ser seguida.

Surge, então, uma nova lógica de guerra global capitalista, que facilmente percebemos na guerra contra o imigrante ou o refugiado, na guerra contra o delinquente, na guerra contra o terrorismo, na guerra contra políticas de bem-estar social, em suma, na guerra contra a população, em especial a população de excedentes. É justamente essa lógica que informa a racionalidade do cárcere na atualidade, seja na hipótese de prisão decorrente da prática de crime; nas situações presentes nos campos de refugiados; nos centros de detenção para imigrantes em situação irregular; ou nos dispositivos prisionais destinados ao combate do terrorismo.

Essa nova governamentalidade neoliberal de guerra (a partir da última quadra do século XX), geradora do aprisionamento em massa com objetivo de conter grupos de risco, não possui como fundamento a recomposição da ordem social e da soberania, rompida pela prática de eventual delito, mas somente visa garantir que humanos "imprestáveis" não rompam o fluxo de produção de valor e acúmulo de riqueza.

Ainda é preciso insistir em três outros pontos dessa guerra biopolítica global: em primeiro lugar, definir quem é inimigo nessa batalha; em segundo, por quanto tempo essa guerra persistirá; e, por último, qual instituição é mais eficazmente utilizada como máquina de guerra nesse contexto.

Observando as guerras travadas no século XX, podemos verificar a definição de um inimigo concreto, seja ele uma nação, uma colônia ou, até mesmo, uma classe. Ocorre que, como já vimos, a guerra que vivemos tem uma estrutura líquida (Bauman, 2000), própria da contemporaneidade, em que o conceito de inimigo é atravessado pela mesma fluidez, ou seja, é representado pela população. Portanto, pode ser o imigrante, o terrorista, o morador de rua, o louco, o delinquente, o usuário de entorpecentes, o desempregado, o analfabeto. Estamos diante de uma guerra sem "inimigo". Trata-se, assim, de uma guerra sem vencedor, na qual o que se pretende é neutralizar o risco, melhor dizendo, a pessoa que simbolize esse risco.

O cárcere nos traz a real noção de quem, na ótica neoliberal global, é perigoso. Basta, para tanto, uma análise, mesmo que superficial, do perfil dos que se encontram presos para chegarmos à conclusão de que o objetivo é a neutralização da parcela da população precarizada, despreparada e, em razão disso, inútil para o capital.

Não existem inimigos a serem derrotados, só supérfluos a serem governados e neutralizados por meio de técnicas de segurança, entre as quais se destaca a máquina prisional.

No tocante ao tempo, essa guerra também é *sui generis*, pois, uma vez que não há vitoriosos e derrotados, não há fim, mas tampouco há começo. Na realidade, o que está em jogo é apenas o governo pelo controle e a gestão da população de supérfluos, como mencionamos acima.

Por fim, como se trata da aplicação de um dispositivo para garantir a segurança, a melhor instituição estatal para desempenhar tal mister é a polícia. Nascida no seio da Revolução Industrial inglesa, ela tem por escopo, na visão de alguns, oprimir a classe trabalhadora e, na de outros, conter a desordem social e o descumprimento da lei penal, em virtude da ebulição socioeconômica decorrente das drásticas mudanças sociais. Seja o que for, o fato é que a polícia constitui um dispositivo que não identifica certo e errado, serve somente para exercício do controle da população, sendo utilizada sempre de acordo com a racionalidade estabelecida pelos atores que exercem o poder.

As forças policiais são utilizadas contra a população inútil, considerada perigosa. Mesmo que esse perigo esteja em puro estado de latência, ele amedronta, causa incômodo à população, gerando intranquilidade e sensação de desordem social, devendo ser, por isso, contido.

## A ECONOMIA DO CÁRCERE NO FORDISMO E NO PÓS-FORDISMO: DISCIPLINA E CONTROLE

Aprendemos com Walter Benjamin que a história e a metamorfose social não devem ser compreendidas de forma linear, como uma sequência ordinária de acontecimentos que se enfileiram em direção a uma evolução civilizatória. Na realidade, o mover temporal e espacial do mundo é como um caleidoscópio, em que, dependendo da inclinação do ângulo que se utiliza, outras combinações e visões serão alcançadas. Portanto, será que caminhamos para um "progresso"?

Ao observar o quadro *Angelus Novus*, de Paul Klee, Benjamin, em sua "tese IX" (sobre o conceito de história), inspirado pelos poemas de Baudelaire, escreve:

> O anjo na história tem de parecer assim, ele tem seu rosto voltado para o passado. Onde uma cadeia de eventos aparece diante de nós, ele enxerga uma única catástrofe, que sem cessar amontoa escombros e arremessa-os a seus pés. Ele bem que gostaria de demorar-se, de despertar os mortos e juntar os destroços. Mas o paraíso sopra uma tempestade que se emaranhou em suas asas e é tão forte que o anjo não pode mais fechá-las. Essa tempestade impele-o irresistivelmente para o futuro, para o qual dá as costas, enquanto o amontoado de escombros diante dele cresce até o céu. O que chamamos de progresso é essa tempestade (Löwy, 2005, p. 87).

Essa afirmação já foi deveras citada e comentada em razão da fenomenal antecipação feita pelo autor de fatídicos episódios da história da humanidade, como Auschwitz. Mas, infelizmente, o mundo parece se metamorfosear mais uma vez para que a humanidade presencie um novo amontoado de escombros que cresce sem limites em razão da necessidade de neutralizar a multidão de inúteis que representam risco para a economia global.

Se entendemos por tempestade o fenômeno que acontece com a "rara combinação de circunstâncias díspares que produz um acontecimento de extrema violência" (Zizek, 2020, p. 61), sem dúvida, podemos identificar a chegada desta ou do "progresso" (conforme Walter Benjamin) no amálgama de circunstâncias ocorrido com o neoliberalismo e seus matizes no capitalismo globalizado de Thatcher e Reagan, causador de um dos fenômenos mais violentos e agressivos que a humanidade já viveu, o encarceramento em massa.

A metamorfose (Beck, 2018) que o mundo atravessa, informada pelos "novos" conceitos neoliberais e pelo movimento nomeado de globalização, estabelece uma nova realidade social, para a qual, novamente, a questão central é a "existência de 'inúteis para o mundo', de supranumerários e, em torno deles, de uma nebulosa de situações marcadas pela instabilidade e pela incerteza do amanhã" (Castel, 2015, p. 593). Assim, a solução adotada é, como veremos, a aplicação do cárcere-atuarial com o armazenamento de "vidas supérfluas", ocasionando um encarceramento em massa jamais visto na história de toda a humanidade.

Para compreendermos a lógica do aprisionamento, inexoravelmente teremos de examinar o contexto social em que nos encontramos, mais especificamente, temos de entender com clareza "a demanda por ordem daquela formação socioeconômica a que nos endereçamos" (Batista, 2010, p. 29). Mostra-se um ponto-chave para a sociologia penal o exame em conjunto dos modos de produção e do sistema punitivo prisional que se utiliza. Essa análise foi realizada com brilhantismo por Georg Rusche e Otto Kirchheimer (2004), autores da escola de Frankfurt, que lançaram em 1939, e mais tarde reeditaram, a obra *Punishment and Social Structure*.

Nessa obra, os autores, adotando um viés marxista, demonstram a correlação do aprisionamento das instituições penais, e que sua evolução estava atrelada a fundamentos estruturais socioeconômicos. Alguns anos mais tarde, Foucault publica *Surveiller et punir*, em que narra as mutações no sistema punitivo, demonstrando que a criação dos dispositivos prisionais servia à produção industrial, na medida em que disciplinava os corpos para o trabalho nas fábricas, o que de alguma forma ratifica a correlação existente entre prisão e economia antes traçada pelos autores frankfurtianos.

A terceira obra que merece destaque no estudo e na demonstração da conexão central entre o sistema punitivo e a estrutura socioeconômica é *Cárcere e Fábrica: as origens do sistema penitenciário (séculos XVI e XIX)*, de Dário Melossi e Massimo Pavarini. Essa base triangular da literatura criminológica é essencial para a compreensão do cenário atual, que aponta para uma utilização crescente do sistema prisional para controle dos indivíduos.

De acordo com Rusche e Kirchheimer, tanto os sociólogos quanto os penalistas, ao analisarem a questão pertinente à criminalidade e à sociedade, não observam em seus trabalhos um eixo, para eles central, que é o sistema punitivo. Para os autores, então, mostra-se indispensável realizar um exame da correlação entre o funcionamento dos sistemas de punição e da estrutura econômica que age em certo corpo social, com o fim de superar tal lacuna.

Iniciam com o exame da punição aplicada no Antigo Regime, verificando que, basicamente, eram duas: indenização e fiança, de um lado; e, do outro, os castigos corporais. Registram, ainda, que esta última era normalmente aplicada aos pobres, enquanto que a pena pecuniária servia aos infratores da alta classe.

Entretanto, com a chegada do iluminismo e a consolidação do mercantilismo, o quadro europeu alterou-se completamente. O surgimento dos grandes centros urbanos certamente foi decisivo para a alteração na estrutura do modelo de punição. A Europa vivia um contexto de extrema pobreza da população, escassez de mão de obra e elevada densidade demográfica. Esses três fatores, aliados aos ideais iluministas, foram determinantes para ocasionar o fim dos suplícios e a criação das casas de correção. A burguesia pressionava o Estado para gerar disciplina necessária a fim de transformar uma massa improdutiva em operários e, ainda, ordenava a repressão da mendicância, da vadiagem e da prostituição, condutas que não se coadunavam com seus valores. A Casa de Correção, sendo um misto de prisão e fábrica, solucionava esses dois problemas, impunha disciplina e trabalho forçado e realizava uma "higienização" nas ruas da cidade.

Avançando no exame da submissão do sistema punitivo às dinâmicas do mercado e da força de trabalho, Foucault ratifica a posição dos autores alemães, mas acrescenta dois pontos que merecem destaque. Ele salienta o surgimento de uma sociedade disciplinar que nasce com a modernidade capitalista e se utiliza de dispositivos de poder para transformar o corpo e a subjetividade, sendo um desses a prisão, mas acrescenta que o nascimento desse modelo punitivista é utilizado para esvaziar as ruas da presença incômoda do excluído, pois essa presença é uma ameaça constante da ocorrência do ilegalismo, que pode desestabilizar o poder burguês. A burguesia tenta, dessa forma, evitar que venha a ser vítima do que ela própria utilizou contra o Rei.

A sociedade capitalista necessitava de algum dispositivo que transformasse corpos indisciplinados em mão de obra útil para o trabalho nas fábricas, para tanto, a prisão foi eleita o dispositivo central no sistema punitivo, desempenhando essa tarefa. A disciplina é a técnica utilizada nesses estabelecimentos para a mencionada transformação e, de modo calculado e controlado, apropria-se dos corpos e do tempo dos que são submetidos no interior das prisões. O dispositivo prisional é construído ideológica e arquitetonicamente nos moldes do panoptismo benthaniano, cuja principal função é fazer com que o detento seja vigiado permanentemente (de modo real ou imaginário), criando nele uma rotina de cumprimento das ordens em virtude do medo de ser flagrado pelo guarda que o observa de uma torre colocada no centro da prisão. Portanto, o poder funciona, automaticamente, modelando a todo o tempo o preso.

A prisão serve como tecnologia de poder para, por meio da disciplina panóptica, criar automatismos, transformando subjetividades em peças indispensáveis para o bom funcionamento da máquina capitalista.

Afirma Maurizio Lazzarato que

> as técnicas de aprisionamento (as disciplinas) impõem tarefas ou condutas para viabilizar a produção dos bens necessários, sob a condição de que a multiplicidade seja pouco

> numerosa e atue em um espaço bem definido e limitado. Essas técnicas consistem em distribuir a multiplicidade no espaço (enquadrar, encerrar, seriar) para ordená-la temporalmente (decompor os gestos, subdividir os tempos, programar os atos) e compô-la no espaço-tempo, dela extraindo mais-valia ao aumentar as forças que a constituem (2006, p. 64-65).

O segundo ponto que merece destaque é a função que a prisão tem de controlar ilegalismos que ameaçam o poder. Com a ruína dos feudos, houve uma migração em massa de camponeses para os grandes centros urbanos, o que gerou um volumoso grupo de excluídos, sem ocupação, que se destinava à prática de pequenos crimes patrimoniais e à prostituição, incomodando e aterrorizando a classe burguesa, principalmente porque não parava de crescer.

Além do medo imediato relativo à vida desregrada dessa massa, a burguesia temia a organização de uma revolta e, consequentemente, a luta contra o sistema vigente.

Dessa forma, estabelecem um ideal de respeito absoluto pela honestidade e pela proteção da propriedade, utilizando um discurso para o povo de que a solução seria a punição máxima e sem qualquer tipo de condescendência com quem se colocasse à margem desse quadro. Nessa operação, a prisão desempenhou papel de extrema relevância, uma vez que afasta, inviabiliza, retira os integrantes dessa massa do contato com as demais pessoas.

Por fim, a última perna desse tripé de criminólogos são os italianos Dario Melossi e Massimo Pavarini. No mesmo sentido, esses autores desenvolvem a estreita relação do surgimento das prisões com o modo de produção que informa a sociedade existente. Insistem, também, que a abundância de ociosos e a carência de mão de obra fizeram surgir na Inglaterra e na Holanda o que inicialmente foi chamado de *poorhouses*, mas que pouco tempo depois, abandonando a nomenclatura hipócrita, passou a ser conhecido como *workhouses*.

Essa "casa de trabalho", que foi o antepassado da prisão, é bem definida por Melossi no sentido de ser uma

> espécie de manufatura reservada às massas que, expulsas dos campos, afluíram para as cidades, dando lugar a fenômenos que preocupam as elites mercantis (e proto-capitalistas) da época: banditismo, mendicância, pequenos furtos e, *last but not least*, recusa a trabalhar nas condições impostas por essas elites. A casa de trabalho — um "proto-cárcere" que será depois tomado como modelo da forma moderna de cárcere no período iluminista, isto é, quando ocorreu a verdadeira "invenção penitenciária" — não parecia ser outra coisa senão uma instituição de adestramento forçado das massas ao modo de produção capitalista (De Giorgi, 2006, p. 13).

As três obras comentadas analisam e demonstram com clareza o amálgama insolúvel existente entre os meios de produção (economia capitalista e mercado de trabalho) e a eleição da prisão como eixo central do sistema punitivo estatal para controle da classe precária e "perigosa".

Mostra-se, portanto, acertado insistir no fato de que o controle social realizado pelo dispositivo penal está intimamente conectado com a máquina capitalista de produção, bastando, para tanto, a constatação de que o modelo prisional surgido nos séculos XVII e XVIII guarda profunda relação com o projeto de fábrica oriundo da Primeira Revolução Industrial.

A ideia de realizar uma "ortopedia moral" no detento durante o cumprimento de sua pena perdurou por, basicamente, todo o século XX, ganhando impulso no pós-Segunda Guerra Mundial com a implementação de políticas intervencionistas oriundas do *Welfare State* e de um modo de produção fordista.

Normalmente, tendemos a identificar o fordismo simplesmente com a imagem de linha de montagem, no entanto, o sistema é bem mais do que isso. Ele é a forma de organização da produção econômica na qual uma empresa detém e controla a produção desde sua ponta inicial, a matéria-prima, até a ponta final, representada pela distribuição e pelo consumo do objeto produzido. Além dessa característica principal, o fordismo

> envolve produção de massa padronizada, emprego masculino quase total, um setor manufatureiro considerável, burocracias hierárquicas maciças, um mercado de trabalho primário relevante de empregos seguros e perspectivas de carreiras padronizadas, empregos claramente demarcados, políticas governamentais corporativas e consumo da massa de produtos claramente uniformes (Young, 2015, p. 23).

Essa conjuntura, contudo, foi drasticamente alterada com o implemento da globalização neoliberal, para muitos o ponto de transição da modernidade à pós-modernidade (ou modernidade tardia). O neoliberalismo proporciona a erosão do Estado de bem-estar e de suas práticas inclusivas, ocasionando um movimento de formação de uma sociedade com traços marcantes de exclusão.

Migramos "de uma sociedade cuja tônica estava na assimilação e na incorporação para uma que separa e exclui. Esta erosão do mundo inclusivo [...] envolveu processos de desintegração tanto na esfera da comunidade (aumento do individualismo) como naquela do trabalho (transformação do mercado de trabalho)" (Young, 2015, p. 23).

O fenômeno da globalização neoliberal, destarte, altera radicalmente a forma de organização do modelo fordista e de suas características, fazendo surgir uma outra forma, denominada de pós-fordismo. A transição do fordismo para o pós-fordismo pode ser retratada como a passagem do trabalho industrial, modo hegemônico na economia global nos séculos XIX e XX, para o trabalho imaterial (ou líquido, nas palavras de Bauman), em que se constatam elevados níveis de precarização e flexibilidade, assim como se verifica o declínio do trabalho estável.

Diferentemente do período fordista, no qual a produção de um objeto de consumo era, inteiramente, realizada na mesma planta industrial, no pós-fordismo isso não mais existe. A situação atual global nos mostra que, praticamente, não existe mais a grande planta industrial. A produção está completamente fragmentada, nada é produzido mais de ponta a ponta no mesmo local. O objeto é produzido em uma escala planetária com a pulverização total do processo produtivo.

Indiscutivelmente, o modelo econômico que surgiu do pós-fordismo proporcionou um crescimento exponencial nos níveis de exclusão, criando um mercado de "trabalho" terceirizado e uma categoria de "desempregados estruturais". O mundo tornou-se precário e transitório.

Essa mudança radical ocorreu, como vimos, na década de 1970, quando "coincidentemente" também se alterou de maneira extrema a taxa de pessoas encarceradas, contrariando todos os estudos da época. Entretanto, esse fato não deve nos surpreender, uma vez que ele decorre da alteração das bases socioeconômicas de produção. Isto é, nós já vimos que toda racionalidade punitiva é informada pelo sistema econômico (e financeiro) que a subjaz. No fordismo, prevalecia o ideal de recuperação do indivíduo para reinclusão do mesmo no mercado do trabalho e na sociedade, ou seja, o modelo disciplinar informava a máquina prisional. Já no pós-fordismo, com a criação de uma categoria de desemprego estrutural e, com isso, de indivíduos "sobrantes", o cárcere não tinha mais qualquer fim ressocializador, servindo única e exclusivamente como forma de contenção, neutralização e gerência daqueles que se encontram nessa categoria. O modelo agora é o de controle.

## O FORDISMO E A SOCIEDADE DISCIPLINAR

Como já ficou registrado, a cada modelo estrutural socioeconômico de produção corresponde um determinado sistema punitivo que utiliza a máquina prisional de certa forma e com objetivos diversos. Assim, passaremos a examinar as razões e os fatores estruturais do período conhecido como fordismo que proporcionaram o estabelecimento do previdenciarismo penal, em que se notavam práticas correcionalistas que propunham a recuperação e a reinclusão do indivíduo à sociedade, no lugar de seu extermínio ou exclusão.

Entretanto, com a crise do modelo fordista, houve uma deterioração do tecido social do campo industrial, uma modificação radical nos modos de produção e de circulação do capital, estabelecendo um individualismo exacerbado e uma precarização do trabalho. Aqui ocorre a virada para o pós-fordismo, que acarreta, como sustentamos, a transformação na utilização da prisão, que passa a ser usada como dispositivo de controle e gerência de grupos de risco, não mais tendo interesse em qualquer tipo de atividade que vise à recuperação do excluído. A sociedade abandona o viés da inclusão e mergulha no modelo de sociedade excludente, própria do pós-fordismo neoliberal. De acordo com Jock Young, essa "exclusão se dá em três níveis: exclusão econômica dos mercados de trabalho, exclusão social entre pessoas na sociedade civil e nas atividades excludentes sempre crescentes do sistema de justiça criminal e segurança privada" (2015, p. 11).

Esse ponto de virada, a nosso juízo, é a pedra de toque para a compreensão do grande encarceramento pós-moderno e de suas características e objetivos que em muito se diferenciam do modelo anterior.

Nossa tarefa será construir uma análise acerca da transição nos países centrais, em especial nos EUA, entre os "anos dourados" (Hobsbawn, 2017, p. 253), o período fordista pós-guerra, e a nova razão neoliberal global, estabelecida na década de 1970. Em outras palavras, vamos examinar as mudanças materiais ocorridas nos campos da produção e do consumo, na passagem do fordismo ao pós-fordismo, e que tiveram reflexo direto na racionalidade punitiva e na utilização do dispositivo carcerário em desfavor do indesejado.

## "ANOS DOURADOS"

Os "anos dourados" foram um período em que, devido às atrocidades e destruições da guerra, as pessoas buscaram o fortalecimento da solidariedade social, o reconhecimento dos direitos humanos em grande escala. O Estado, alinhando-se com esses ideais, implementava políticas keynesianas com uma ação que intervinha diretamente na vida social. O fomento às ações assistenciais era a tônica dos governos. O norte global viveu um momento de pleno emprego e de estabilidade social. As mulheres e os negros, gradativamente, iam entrando no mercado de trabalho e no exercício da cidadania. "Tratava-se de uma era de inclusão, de afluência e de conformidade" (Young, 2015, p. 16).

Nessa perspectiva, percebia-se a existência de um consenso na importância do "outro" e de que esse estivesse adequadamente encaixado no modelo dos valores essenciais para aquela formação social, ou seja, que estivesse centrado no trabalho e na família. O ponto marcante era a política de inclusão. Mesmo que fosse necessária uma "transformação do outro", havia uma tentativa crescente de incorporação de todos no tecido social, destarte, acolhia-se o imigrante, o jovem, a mulher etc.

Essa incorporação também ocorria no campo relativo à cidadania e ao reconhecimento de direitos, mormente direitos sociais, como a obrigatoriedade do Estado de suprir o mínimo necessário para a vida e para o desenvolvimento da pessoa, uma assistência mínima em educação, saúde, renda e habitação.

Como salienta David Garland, o *New Deal* americano e o Estado de bem-estar britânico "institucionalizaram uma série de soluções estratégicas para o conflito de classes e para a desigualdade econômica que se ergueu em torno das novas formas de gerenciamento econômico e social" (2017, p. 120).

Concomitantemente a essa estrutura social, sedimentava-se o princípio fordista como modelo de produção em massa. A produção em cadeia criada por Henry Ford para a produção de automóveis, brilhantemente demonstrada por Charlie Chaplin em *Tempos modernos*, agora se aplica de igual forma, por exemplo, à *junk food* (Hobsbawn, 2017, p. 259) servida no McDonald's.

O fordismo, portanto, era um sistema de produção em massa em que o funcionário era inserido nessa cadeia de atos interligados e sucessivos, repetindo o mesmo ato constantemente, de forma ininterrupta, com tamanha disciplina que, na realidade, constatava-se a ocorrência de uma verdadeira acoplação entre o homem, a máquina e o sistema.

Assim, a marca medular desse modo de produção é a disciplina. Não à toa, este também é o ideal que informa o sistema punitivo do mesmo período.

Já ficou registrado que, com o advento da Revolução Industrial do século XVIII, oriundo do acúmulo de capital gerado pelo mercantilismo, houve uma alteração radical no modelo de sistema punitivo que até então funcionava. A pena de suplício, em que ocorria a morte lenta e dolorosa do infrator, conforme descrito por Foucault (2014, p. 9) no suplício de Damiens, é substituída por uma nova tecnologia de punir, a partir da qual não mais se vê o interesse na morte, mas, sim na transformação do sujeito. O novo sistema utiliza a gramática da disciplina, por meio da administração total do tempo, do corpo e da subjetividade do indivíduo, para produzir corpos flexíveis para o trabalho nas fábricas. Agora, não é mais conveniente para o Estado capitalista matar o indivíduo desviante, é muito mais produtivo o adestramento dos corpos e das subjetividades pela máquina disciplinar prisional.

A lógica de produção do mercado transforma o cenário socioeconômico e introduz no Estado uma nova orientação de, por meio do dispositivo prisional, gerir e transformar a população excluída, de acordo com os mencionados fluxos produtivos. Nesse contexto, não há mais o espetáculo da morte, tampouco a utilização do cárcere com o objetivo único de neutralizar o sujeito. A função da prisão passa a ser normalizar o comportamento subjetivo para que o indivíduo se adapte à rotina de trabalho na fábrica.

A máquina prisional firma-se como dispositivo orientado à formação de uma subjetividade operária. Uma máquina capaz de forjar sujeitos servis, predispostos a seguir ordens e adequados ao ritmo de produção industrial, bem como, especialmente, prontos para assimilar a ideia capitalista concernente ao tempo como medida de valor e ao espaço como delimitador do local de trabalho.

É imperioso, diante dessa dinâmica de produção de subjetividades, lembrar das reflexões de Althusser (1985) sobre os "aparelhos ideológicos do Estado", em que a prisão é justamente esse aparelho que transforma e, com isso, perpetua as relações de produção.

Na leitura de De Giorgi, "o nascimento da prisão se coloca, portanto, na passagem de um regime penal que aponta para a distribuição do corpo de condenado, sobre o qual se reflete o poder absoluto do monarca, para uma forma de punição que poupa o corpo a fim de que, na sua produtividade, se evidencie o poder econômico relativo do capitalista" (2006, p. 40).

Esse ideal perdurou até a derrocada do *Welfare State* e do sistema fordista de produção.

Durante praticamente todo o século XX, a lógica disciplinar de Foucault informou as escolas criminológicas, que defendiam a aplicação de técnicas e instrumentos para a transformação, recuperação e reinserção do preso na sociedade e no mercado de trabalho. A função da prisão era, assim, a recuperação do desviante, transformando-o em mão de obra fordista.

Nesse período, prevalecia o entendimento do que foi chamado de correcionalismo ou previdenciarismo penal, em que a prisão era utilizada como estratégia governamental de tratamento do preso. Não só a prisão era o instrumento utilizado para a correção do indivíduo, como este era o pensamento majoritário em todo o sistema penal, e o discurso político e acadêmico difundia tais práticas para tratamento do crime. Como diz David Garland, a justiça criminal era "orientada para um programa de ação de cunho correcionalista" (2017, p. 93).

Em conformidade com as políticas de bem-estar e com o modo de produção fordista, o sistema penal, por meio de suas diversas agências, combatia o crime com técnicas de mote absolutamente correcionalista, tais como reabilitação, tratamento individualizado, trabalho prisional, livramento condicional e pesquisa de perfil criminológico. O previdenciarismo penal, portanto, era a tendência predominante tanto nos EUA quanto na Inglaterra até o final dos anos 1970.

Nesse cenário, é importante destacar que o ideal de reabilitação não era apenas mais um componente no conjunto de outros ideais destinados ao preso, ao contrário, era a pedra angular que norteava toda a atividade desenvolvida nesse sistema.

O correcionalismo penal germinou do dispositivo disciplinar foucaultiano, entretanto, suas técnicas modernas e sua racionalidade social foram consolidadas pelas relações materiais surgidas no pós-guerra, o que se verifica com relação ao *Welfare State*, próprio desse contexto político, cultural, social e econômico.

A política assistencialista do Estado de bem-estar social, que ampara, obviamente, os mais pobres, replica esse mesmo público quando se fala de previdenciarismo penal, ou seja, a clientela do sistema punitivo também é a classe pobre da sociedade, mas que, em razão do modelo de produção econômica, ainda era útil de alguma forma e, por isso, buscava-se sua reabilitação. Eram chamados de "pobres desejáveis".

À medida que a ideologia correcionista tornava-se hegemônica, a utilização do aparelho prisional foi diminuindo. Em razão disso, os especialistas afirmavam que a tendência era de diminuição da população carcerária, o que não se confirmou. Ao contrário, nesse ponto histórico houve uma reversão na tendência e um giro de 180° no que se refere ao quantitativo de pessoas encarceradas.

Nesse momento, o Estado social começa a perder força, o que leva à superação do previdenciarismo penal, em virtude do avanço neoliberal, que proporcionou uma transformação radical nas estruturas e ideias sociais e econômicas.

Esse é o ponto modal para entender a passagem da sociedade disciplinar à sociedade de controle e para compreender a transformação do "pobre desejável" em "pobre indesejável" (em que surge o indivíduo supérfluo ou "não pessoa"). Por fim, possibilita a compreensão da nova racionalidade do aparelho prisional, que abandona os postulados de reabilitação e correção, e assume o escopo de gerir e conter grupos de risco — a prisão transforma-se em um depósito de "não pessoas".

## O PÓS-FORDISMO E A SOCIEDADE DE CONTROLE

Com o estabelecimento do neoliberalismo global, houve uma alteração radical nos modos de produção da sociedade capitalista, gerando o abandono do modelo fabril e uma priorização das atividades financeiras e de serviços, consolidando o que se denomina de pós-fordismo.

Todavia, antes de examinar as mudanças no trabalho e nos meios de produção, bem como verificar o impacto e as consequências dessas transformações nos modos de controle social e na respectiva racionalidade do aparelho prisional, devemos pontuar o que pretendemos dizer com o uso da expressão pós-fordismo.

Primeiramente, deve restar consignado que o termo "pós" aponta para uma ideia de transição, proporcionando o entendimento de que algo não é mais, mas, ao mesmo tempo, estampando uma falta de exatidão no que virá. Em segundo lugar, quanto à limitação do seu conteúdo, a expressão "pós-fordismo", como já registramos anteriormente, traz consigo a noção de uma nova e diferente fase do trabalho e da produção capitalista, que implica uma organização social diversa. O uso dessa expressão coincide com a utilização de termos como "pós-modernidade", "modernidade tardia", "modernidade recente", "modernidade líquida", dentre outras.

No pós-fordismo, o que era sólido se desmancha no ar (Berman, 1986), e a rigidez que caracterizava a estrutura do fordismo dá lugar ao modelo de produção e acumulação flexível[42], marcado pela mudança na organização do trabalho (especialmente em razão do enfraquecimento dos sindicatos e das modificações legislativas que retiraram direitos dos trabalhadores), pelo avanço tecnológico e pelo surgimento de novas estruturas institucionais.

---

[42] A acumulação flexível, defendida por David Harvey, "se apoia na flexibilidade dos processos de trabalho, dos mercados de trabalho, dos produtos e padrões de consumo. Caracteriza-se pelo surgimento de setores de produção inteiramente novos, novas maneiras de fornecimento de serviços financeiros, novos mercados e, sobretudo, taxas altamente intensificadas de inovação comercial, tecnológica e organizacional" (2016, p. 140).

Com o esgotamento do paradigma fordista, a grande indústria tende a não fazer mais parte do cenário da sociedade pós-moderna. Hoje, a produção é, praticamente, toda fragmentada, sendo caracterizada pela reunião de partes fabricadas em locais distintos e por produtores diversos. O trabalho perdeu a roupagem jurídica de segurança do trabalhador, tornando-se volátil e precário. O salário foi uma das principais modificações; este que era um pilar na concepção fordista ficou muito enfraquecido, sendo o rendimento do trabalhador sua própria remuneração.

Esse enfraquecimento do trabalho estável e organizado aumenta o poder dos empregadores, que exercem uma pressão cada vez mais forte sobre o trabalhador.

Outra alteração produzida pelo modelo pós-fordista é o incremento da tecnologia no mercado de trabalho, acarretando uma considerável diminuição na quantidade de empregos. A inteligência artificial vem substituindo os humanos em várias funções que antes eram desempenhadas por eles. Além disso, a exigência de formação específica e qualificada para o preenchimento dessa forma sofisticada de emprego inviabiliza a grande massa da população de alcançá-lo.

As dinâmicas de produção e as relações de trabalho sofreram drásticas transformações, que podemos resumir em dois eixos. No primeiro, de ordem quantitativa, constata-se uma tremenda redução na oferta de emprego formal, que continua diminuindo cada vez mais. O segundo eixo, de natureza qualitativa, é caracterizado pelas mudanças nas formas de produção, especialmente em razão da globalização tecnológica.

Esse contexto é somado ao desmonte brutal de políticas keynesianas e à financeirização do capital, e facilitado pela experiência de uma globalização financeira que constrói um "espaço liso" (Deleuze; Guattari, 1997) sem quaisquer estrias que impeçam ou dificultem a circulação do capital. Não há fronteiras para o fluxo descontrolado do dinheiro, proporcionando lucros incalculáveis para a maioria de empresas que detém grande parte da riqueza mundial.

Assim, o pós-fordismo neoliberal faz surgir um "desemprego" estrutural, uma vez que este não se mostra como o antigo conceito de "desempregado", significando aquele indivíduo que estava temporariamente fora do mercado de trabalho. Na nova estrutura não há mais espaço para esse indivíduo, pois ele é completamente supérfluo para a nova configuração do capital. Este é, portanto, o ponto nevrálgico da contemporaneidade. Nas palavras de Robert Castel: "O núcleo da questão social hoje seria, pois, a existência de 'inúteis para o mundo', de supranumerários e, em torno deles, de uma nebulosa de situações marcadas pela instabilidade e pela incerteza do amanhã". Esses supérfluos indesejados, que formam uma multidão, "não são mais encarados como pessoas que seriam 'reeducadas', 'reabilitadas' e 'restituídas à comunidade', mas veem-se definitivamente afastadas para as margens, inaptas para serem 'socialmente recicladas': indivíduos que precisam ser impedidos de criar problemas e mantidos à distância da comunidade respeitosa da lei" (2015, p. 593).

O total abandono da política social de Estado e do modo de produção fordista produziu como principal consequência uma desigualdade social de grandes proporções (Castells, 2014, p. 89), uma polarização em que poucos ricos ficaram muito mais ricos, e uma multidão[43] de pobres ficou cada vez mais empobrecida. Esse fenômeno vem gerando uma ampla e crescente massa de excluídos. Entretanto, é importante insistir que não há mais uma relação explorador-explorado, ou a figura do desempregado apto à "reciclagem" e posterior volta ao mercado de emprego, como ocorria no período fordista. Agora, há uma nova relação de incluído-excluído, em razão do poder do capital neoliberal. O excluído não é o explorado, uma vez que o explorado ainda era útil e necessário ao sistema, enquanto o excluído não possui qualquer utilidade, é descartável.

---

43 Para o conceito de multidão, vide Hardt e Negri (2014).

Destarte, não há dúvidas, em razão do exposto, de que a racionalidade neoliberal e a implementação do modelo pós-fordista criam uma nova categoria de pessoas absolutamente descartáveis e supérfluas para a sociedade, tornando-se imperioso indagar: o que fazer com os supérfluos indesejáveis? Qual será a política estatal adotada com relação a essa multidão precarizada e inútil?

Como veremos, a principal resposta será a utilização da máquina prisional para o controle e a contenção dessa nova "classe perigosa".

No mesmo período sócio-histórico (em 1970), aconteceu, praticamente de forma concomitante, o abandono do Estado de bem-estar social e a consolidação do neoliberalismo global; a transformação dos modos de produção de fordistas para pós-fordistas; a consagração dos mecanismos próprios de uma sociedade de controle em detrimento daqueles de caráter disciplinar oriundos de uma tradição foucaultiana; e, por fim, uma reversão da tendência na lotação prisional, que passa de um cenário de declive para a explosão de um encarceramento em massa. Será que estamos diante de uma mera coincidência? Pensamos que não.

Até meados de 1970, a lógica disciplinar e os ideais de ressocialização e recuperação orientavam o sistema correcional implementado na maioria dos sistemas prisionais existentes. Nesse sentido, afirma José Francisco Lyra:

> A função da prisão não é excluir ou neutralizar; ao contrário, está aparelhada de uma função de normalização dos indivíduos, possuindo três finalidades, a saber: a) temporalizar a vida dos sujeitos, adaptando-a ao tempo da fábrica; b) controlar os corpos, disciplinando-os e convertendo-os em força de trabalho; e c) integrar essa força de trabalho ao sistema produtivo, no caso, à fábrica. Em suma, o projeto disciplinatório da prisão é orientado pelas lógicas produtivas, buscando consolidar a sociedade industrial e o capitalismo fordista (2013b, p. 298).

No final dessa década, surgiu um forte questionamento acerca da efetividade das políticas de reabilitação do indivíduo, em virtude do baixo índice de diminuição da reincidência criminal. Defensores do que se denominou de *nothing works* sustentavam o fim dos gastos com profissionais que trabalhavam a ressocialização dentro das prisões, ao argumento de que não alcançaram um resultado positivo. A toda evidência, esse ideal de recuperação estava alinhado com as políticas welfaristas, que vigoravam até aquele mesmo período. Com a afirmação das políticas neoliberais, portanto, era natural que se abandonasse esses desideratos.

Nesse diapasão, o controle e a neutralização substituem a correição.

O ideal orientador do dispositivo penal de punição caminha, por óbvio, de mãos dadas com uma alteração social que se apresenta em sentido muito mais abrangente. Vemos em Deleuze (2013, p. 213-230) que a mudança da sociedade disciplinar para a sociedade de controle está umbilicalmente associada com os objetivos do sistema capitalista. Com isso, o modelo disciplinar, em que o cárcere possui um claro papel de domesticar e transformar os corpos para o mercado, não mais se mostra necessário no pós-fordismo. As relações líquidas da pós-modernidade e as novas formas de trabalho não necessitam desse "tipo" de pessoa, surgindo a necessidade de controlá-lo, não somente dentro das instituições, mas fora dos muros, difusamente. Esse controle também se exerce pelo aprisionamento, só que, agora, este tem uma nova missão: funciona como um "cordão sanitário" (Young, 2015, p. 40), separando e estocando os inúteis.

Pois bem, a transformação da configuração social promovida pela nova razão do mundo (o neoliberalismo) produz a transição para a sociedade do controle.

O controle é exercido pelos dispositivos de confinamento de forma generalizada em toda sociedade, valendo-se, para tanto, da inculcação do modelo concorrencial e da forma "empresário de si mesmo" (técnicas neoliberais de transformação da subjetividade), bem como da revolução tecnológica, que estabeleceu um novo panoptismo em escala global (Castells, 2017).

Segundo Peter Pál Pelbart, esse modo de dominação

> funciona através de mecanismos de monitoramento mais difusos, flexíveis, móveis, ondulantes, "imanentes", em cingindo diretamente sobre os corpos e as mentes [...] se exerce através de sistemas de comunicação, redes de informação, atividades de enquadramento, e é como que interiorizado e reativado pelos próprios sujeitos, no que os autores chamam de estado de alienação autônoma (2011, p. 81-82).

Em outras palavras, o sujeito aliena sua própria alma ao mercado. Assim, tornando-se acorrentado e controlado pelo consumo e pela dívida, surge a figura do "homem endividado". Como dizem Negri e Hardt, hoje em dia é praticamente impossível viver em sociedade sem contrair dívidas. A pessoa utiliza-se de crédito para estudos, seguros de saúde e previdência, cartão de crédito para alimentação, hipoteca etc., e "sua subjetividade se configura sobre a base da dívida. Você sobrevive se endividando, e vive sob o peso da responsabilidade em relação à dívida. Você é controlado pela dívida" (2016, p. 22). Portanto, todos seus planos de vida são organizados em razão das dívidas que você possui e do seu estado de solvência. Além disso, o indivíduo é cada vez mais forçado a trabalhar incessantemente e sem limites, porque a derrota, e a consequente perda de seu emprego, significaria seu fim.

Nesse primeiro plano, a sociedade de controle aprisiona o que está fora, ou seja, a própria necessidade além de suas instituições muradas. "O que é enclausurado é o virtual, a potência de transformação, o devir" (Lazzarato, 2006, p. 69). Entretanto, seguindo essa lógica mercadológica, nos deparamos com aqueles que não conseguem sequer se endividar, os que estão completamente alijados dessa ciranda e não têm, em razão disso, qualquer valor ou utilidade. Eles (o "outro") apenas poluem o ambiente social, sendo chamados por Bauman (2005, p. 53) de "consumidores falhos".

Com efeito, o novo paradigma que marca a subjetividade na modernidade tardia (sociedade do controle/consumo) é a do consumidor. O homem desprovido da capacidade de consumo e de potencialidade econômica perde sua condição humana, restando ao Estado o papel de coletar essas "não pessoas", "refugos", e despejar os depósitos afastados do meio social.

É justamente essa função de contenção e inocuização do *homo sacer* (Agamben, 2010) desenvolvida pelo Estado que proporciona uma profunda alteração no caminhar da criminologia, em particular no tocante ao objetivo da contenção prisional na era do controle/consumo e no processo de identificação daqueles que, em razão da moderna forma de gestão da população, representam um risco social.

Veremos que a lógica atuarial é a doutrina que informa e orienta a "gestão do risco" na aplicação dos dispositivos penais, etiquetando categorias de sujeitos e sustentando sua neutralização por meio do confinamento. Ou seja, não se trata de aprisionar o sujeito em razão de sua culpabilidade pela prática de determinado injusto penal. Na realidade, estamos diante de uma nova estratégia penal que objetiva a contenção e neutralização, inclusive de forma preventiva, de grupos com o estigma de perigoso, possibilitando assim, o gerenciamento de populações inteiras. Essa política foi causadora de uma explosão do encarceramento, proporcionando taxas de detenção jamais vistas.

Em decorrência dessa prática, informada pela lógica do armazenamento, surge um novo modelo de detenção que, de acordo com o que defenderemos, pode ser visto em quatro dispositivos destinados à contenção de indesejados, quais sejam no sistema prisional voltado à detenção daqueles que praticaram um ilícito penal; em presídios (a exemplo de Guantánamo) feitos para combater hipóteses como terrorismo; nos centros de detenção para imigrantes em situação irregular; e nos campos de refugiados. Em todas essas situações, a lógica é a mesma, vale dizer, o depósito do "lixo humano".

Com o abandono da estratégia disciplinar e da recuperação do indivíduo, o aparelho prisional pós-fordista assume, definitivamente, seu papel de "governo do indesejável supérfluo", produzido pelo capitalismo neoliberal. Para tanto, o Estado vale-se de duas tecnologias indispensáveis, que são o cárcere atuarial e o incremento da punitividade.

A política criminal atuarial que orienta o novo modelo do cárcere nos remete às práticas das empresas de seguro, que se valem da estratégia de analisar o risco e gerir o perigo. Indiscutivelmente, vivemos na "sociedade de risco". Nessa estrutura, afirma Ulrich Beck (2011, p. 23): "a produção social de riqueza é acompanhada sistematicamente pela produção de riscos".

No entanto, o fomento e a utilização desses riscos para proporcionar um afeto de medo, que gera a paralisação social necessária e legitima intervenções antidemocráticas e violadoras dos direitos humanos, não podem ser tolerados.

Em matéria criminal, não se pode aplicar um raciocínio atuarial, preocupando-se somente com o cálculo dos riscos, no lugar de levar em consideração a culpa e a motivação de qualquer ação praticada por uma pessoa. É inadmissível prender alguém pelo fato de possuir certas características. A prisão só pode ocorrer se o indivíduo tiver praticado, efetivamente, alguma conduta culpável.

De outro lado, essa estratégia atuarial, alinhada com a racionalidade econômica neoliberal, altera a configuração e os objetivos da prisão. Nesse cenário, há um abandono completo das políticas "res", orientadas pelo escopo de reabilitação do preso, e a adoção de medidas de contenção. O objetivo passa a ser o de deixar o sujeito o máximo de tempo possível sem contato com o mundo exterior.

Vale relembrar que essa ruptura de paradigma se deu no mesmo período da derrocada do Estado social e ascensão das políticas neoliberais, da crise do modelo fordista, bem como da radical inversão da tendência das taxas de encarceramento, que naquela altura era de queda. Alessandro De Giorgi descreve o cenário estadunidense com relação à explosão do crescimento carcerário:

> Na metade dos anos 1970, ocorreu uma radical inversão de tendência. A população carcerária começa a crescer, primeiro gradualmente e depois de forma acelerada. Passa-se de 400.000 presos, em 1975, para 750.000, em 1895, chegando-se

> à cifra de mais de dois milhões em 1998, e esse crescimento ainda não dá sinal de que vai parar. [...] os afro-americanos constituem 12% da população Norte-americana, mas já há 10 anos eles representam a maioria absoluta da sua população carcerária. Em 1950, ela era constituída por 66% de brancos e 32% de negros. Quarenta anos depois, os percentuais se inverteram: os brancos representam um pouco menos de 30%, enquanto os afro-americanos chegaram a cerca de 60% (2006, p. 94-95).

O mesmo autor traz a colocação de dados referentes à explosão das taxas de encarceramento, a partir do período em tela, também na Europa:

> Não é difícil identificar os traços que parecem aproximar o grande internamento Europeu dos Norte-americanos. Nos últimos 10 anos, as taxas de aprisionamento aumentaram em cerca de 40% na Itália, Inglaterra e França, 140% em Portugal, 200% na Espanha e nos Países Baixos (2006, p. 96).

Diante desses números e da certeza de que os índices de criminalidade não aumentaram, nem de perto, na mesma proporção, uma pergunta mostra-se inafastável: por que a prisão deixou de ser um aparelho em decadência e tornou-se o pilar do modelo social contemporâneo? Como visto, a resposta está associada à mudança das dinâmicas de produção e do modelo econômico que informa e gere a sociedade, com o consequente abandono dos programas sociais próprios do Estado social.

A outra tecnologia utilizada, causadora desse quadro de encarceramento assustador, é a consolidação da ideologia de que vivemos em um estado de emergência permanente, sendo necessário e legítimo o endurecimento das medidas penais. Isso se observa com clareza em alguns programas, como *Zero Tolerance*, *Broken Windows* e *Three strikes and you are out*, em que são implementadas políticas de controle e utilizadas medidas penais para a gerência da população.

## A LÓGICA ATUARIAL: O ETIQUETAMENTO DAS "NÃO PESSOAS" E A CONSTRUÇÃO DA PRISÃO-DEPÓSITO

O movimento criminológico ora examinado organiza o campo[44] punitivo/prisional segundo um projeto de endurecimento penal que visa à identificação, à exclusão e à invisibilização daquele sujeito que não se adequa à racionalidade neoliberal e, por conta disso, perde a "qualidade" de pessoa, tornando-se supérfluo, uma "vida nua"[45].

Para tanto, preconiza a utilização de uma técnica para eleger aqueles que pertencem a grupos de risco, estabelecendo um novo *íter* que deve ser seguido nessa identificação, vale dizer, utiliza cálculos prognósticos para seleção de grupos de pessoas potencialmente perigosas. Com razão, afirma Howard Becker: "O desviante é alguém a quem esse rótulo foi aplicado com sucesso" (2008, p. 22). Além disso, recorre a um novo paradigma de dispositivo prisional, a chamada prisão-depósito, cuja única finalidade é o armazenamento de seres vivos.

Examinaremos a seguir essas duas transformações proporcionadas pela lógica atuarial.

### ETIQUETANDO AS "NÃO PESSOAS": A METICULOSA INCAPACITAÇÃO DAS "CLASSES PERIGOSAS"

Para compreendermos o objeto da lógica criminal, temos de entender a demanda por ordem da formação socioeconômica a que nos

---

44 Adotamos o conceito de "campo" trazido por Pierre Bourdieu, sendo este um espaço social onde agentes lutam por posições por meio de diversas formas de interações e transações, valendo-se, para tanto, do capital que possui.

45 "Protagonista deste livro é a vida nua, isto é, a vida mutável e insacrificável do *homo sacer*, cuja função essencial na política moderna pretendemos reivindicar. Uma obscura figura do direito romano arcaico, na qual a vida humana é incluída no ordenamento unicamente sob a forma de sua exclusão (ou seja, de sua absoluta matabilidade)" (Agambem, 2010, p. 16).

endereçamos. Observa-se, contudo, uma crise dos fundamentos do direito penal contemporâneo, decorrente da impossibilidade de materialização dos direitos fundamentais que constituem a base do Estado democrático de direito e do postulado dos direitos humanos.

Com o declínio do Estado assistencialista e o fortalecimento do neoliberalismo, surge a necessidade de proteção do capital, originando o fenômeno da guetização[46], tanto social quanto prisional. Para tanto, adota-se uma política de gerencialismo do sistema criminal a partir da lógica atuarial, com o fim de neutralizar indivíduos perigosos. É a "erupção" do Estado penal.

Nesse momento, examinaremos o modo pelo qual, gradativamente, as estratégias de combate ao crime fundadas nos ideais de prevenção, correição e tratamento vão sendo substituídas pelo gerencialismo, que atua no aparelho criminal por meio de uma lógica atuarial, objetivando a neutralização daqueles identificados como potenciais infratores. A justiça criminal passa a ser regida por uma lógica eminentemente empresarial, ou seja, é informada pela gestão da criminalidade, abandonando-se, dessa forma, a análise das determinações do crime.

A lógica atuarial é oriunda de uma técnica de probabilidades utilizada em grande escala no ramo empresarial de seguros. Com a falta de crença de que a pena atinja o objetivo de recuperar o indivíduo, afastando-o da criminalidade, concluiu-se que só a contenção dele seria eficiente para evitar a reincidência na criminalidade. Assim, fundados no princípio da eficiência, próprio da esfera privada que agora é carreada para o setor público, os tecnocratas atuariais afirmam que quanto maior for a pena e mais tempo o indivíduo permanecer preso, melhor será no tocante à diminuição da criminalidade.

[46] Trabalhamos aqui com o conceito de Wacquant (2015b), para quem o gueto é um dispositivo socioespacial que permite a um grupo dominante explorar um grupo dominado. A guetização em si consiste na relação étnico-racial de controle e fechamento composta de quatro elementos: estigma, coação, confinamento territorial e segregação institucional.

Portanto, apesar da crise e dos esforços da vanguarda abolicionista, o fim do cárcere nunca constituiu uma opção real para os técnicos do poder, na medida em que a execução da pena privativa de liberdade seguia sendo uma estratégia de controle social indispensável para reprodução e desenvolvimento dos Estados capitalistas. A responsabilidade, então, foi transferida para uma inocuização pura, despida de qualquer pudor humanitário, isto é, sem qualquer comprometimento com os direitos humanos. Prender para conter, mais nada. Surge, então, o fenômeno da prisão como depósito.

Contudo, o resgate da neutralização dos criminosos como estratégia para redução dos índices de criminalidade sofreu um oportuno giro eficientista, aderindo à emergente tendência gerencialista. Sendo assim, os ideólogos da repressão reformularam a incapacitação, atribuindo-lhe os valores definidos pela cartilha neoliberal.

Como consequência, afirma José Francisco Lyra:

> A pena assume contornos intimidatórios e neutralizantes; o controle não se dirige a indivíduos concretos, senão que se projeta sobre grupos sociais que, nas formas de cálculo e gestão, são relacionados como grupo de risco e propensos à prática de delitos; [...] controle para além das instituições fechadas, como o controle das fronteiras e movimentação de pessoas, [...] com graves prejuízos à cidadania, pois há um redesenho da cartografia das cidades, difusão de crescente sensação de insegurança coletiva, que é fruto da expansão temporal e espacial do controle, que induz a distribuir, também, entre os cidadãos, a responsabilidade de garantia da segurança e luta contra a criminalidade, menosprezando o monopólio estatal, peculiar à sociedade da disciplina. Logo, a exclusão social é recebida como um problema insuperável e que deve ser normalizado pelo controle penal, dando causa à consolidação de elementos de emergência e excepcionalidade penal na luta de todos contra o crime (2013b, p. 309-310).

A política criminal atuarial é a reunião dos instrumentos atuariais (planilhas, cálculos estatísticos e aferições matemáticas diversas) para identificar o risco individual de um sujeito, em busca da eficiência na gestão da criminalidade, para, por meio de dispositivos disciplinares, seletivamente, incapacitá-lo quando este apresentar características do estereótipo — dessa vez consubstanciado por cálculos atuariais — de integrante de um grupo considerado de risco.

Foi no campo da execução penal, pelo cálculo de risco de reincidência do apenado, que a lógica atuarial se estabeleceu no sistema de justiça criminal. Reestruturando a execução a partir do conceito de gestão e avanço tecnológico, aqui expresso no uso de avançados instrumentos de síntese fatorial para prognóstico de risco individual, forçou-se a necessidade de impedir a reincidência, abrindo portas para técnicos responsáveis pela neutralização e reabilitação do indivíduo desviante.

O atuarialismo, aliás, é um conhecimento tributário aplicado ao desenvolvimento da indústria de seguros, como já pontuado, que tem como foco excluir o risco do processo de acumulação capitalista. O fato de a estatística aplicada, atualmente, espoliar da criminologia o papel de ciência instrumental à definição das políticas públicas de segurança é, antes de tudo, uma prova definitiva da colonização da racionalidade do Estado pela lógica de mercado neoliberal (Estado mínimo), normalmente em detrimento dos interesses fundamentais e coletivos da população. A externalização dos custos por meio da terceirização dos produtos e serviços de segurança, inclusive para privatizar as instituições de controle ou seu modo de operação, é um bom exemplo do caminho percorrido pela política criminal atuarial.

Aos poucos, os juristas e a crítica criminal perderam seu espaço, pois, de acordo com os tecnocratas, problematizavam o delito e impediam as ações tecnicistas dispostas, concretamente, a não pensar o crime, mas encontrar maneiras eficientes de gerenciar o criminoso ou, quando isso não fosse possível, privá-lo de sua liberdade por tempo indeterminado.

Após traçar os perfis, era construída uma base de dados que fomentava as sentenças que decidiriam a soltura antecipada ou o internamento por tempo indeterminado. Ainda que com uma ou outra incerteza, não demorou para que o raciocínio atuarial, sempre acompanhado do slogan da globalização, universalizasse um sistema que aparentemente se funda sob a frieza estatística com substancial capacidade de expansão. Então, atravessam fronteiras e sistemas jurídicos com pouca resistência, espalhando-se globalmente para outros sistemas de justiça criminal (Dieter, 2013, p. 97-104).

Como se observa, a política criminal atuarial caminha lado a lado com as recentes transformações do modo de produção capitalista. Essa harmonização não se verifica apenas na definição do modo pelo qual se pune, mas contra quem se destina a punição. Sobre este último ponto é que encontramos sua face mais implacável, no fato de ela antecipar quem são os inimigos que devem ser eliminados sem, ao menos, o pudor de se camuflar sob a égide jurídica do princípio de igualdade de todos perante a lei.

Atualmente, percebe-se que os tentáculos da sociedade de controle objetivam, para mais, a ampliação ou a expansão da tutela penal, com seu aparato repressivo e gerencialista, para a tutela de bens jurídicos transindividuais, incorpóreos à ordem econômica neoliberal.

Com isso, a emergência e a consolidação da política criminal atuarial é concomitante ao ataque da ideologia neoliberal ao Estado de bem-estar social (o *American Way of Life*), até mesmo em locais onde ele não se realizou plenamente. O uso dos prognósticos de risco representa esse esforço para desregulamentação do Direito, Processo e Execução Penal, viabilizando uma repressão que prescinde de autorização jurídica.

Não é de se estranhar quais são, em sua imensa maioria, os indivíduos etiquetados pelos instrumentos atuariais. Nos Estados Unidos, eles recebem a alcunha de *underclass*[47], um coletivo social que não possui o respeito nem das classes subalternas. São a categoria de "não pessoas", que notadamente necessita de políticas públicas,

---

47 "Termo que pretende denotar um novo segmento dos pobres das minorias, supostamente caracterizado pela deficiência comportamental e pelo desvio cultural" (Wacquant, 2017, p. 46).

ou seja, um engodo para a lógica neoliberal. Na iconografia dos *underclass*, duas figuras são as referenciais: as gangues de jovens negros, que se recusam a ocupar os escassos e precarizados postos de trabalho para os quais poderiam se candidatar; e as jovens mães solteiras dependentes da assistência social.

É evidente, ainda, que a consolidação da lógica gerencialista seria impossível sem a conivência dos diversos agentes do sistema de justiça criminal, que precisaram abandonar seu modo de trabalho tradicional para abraçar o atuarialismo como lógica reitora de suas atividades. Até então, a experiência com o uso de ferramentas atuariais para o *decision making* estava restrita à atividade das *Parole Boards* de alguns estados americanos[48].

É correto afirmar que essa lógica sofreu, inicialmente, uma resistência, pois ela retira da racionalidade estatal (representada aqui pela figura do juiz) o poder de administrar a relação entre crime e castigo. No Estado capitalista, isso é realizado fundamentalmente mediante cominação, aplicação e execução de pena privativa de liberdade para retribuição equivalente do crime, conforme uma medida de tempo.

No entanto, em boa medida, os mecanismos atuariais facilitavam enormemente o cotidiano, oferecendo fundamentação matemática — logo, impessoal e objetiva — para todos os setores da criminalização. Sendo assim, os fatores de risco indicados por esses instrumentos não raro coincidiam com as metarregras punitivas que orientavam suas ações, reduzindo bastante a aparente artificialidade do sistema. Sucumbiram, com isso, os que ainda resistiam ao arbítrio estatístico. A aderência a esse processo implicou a irreversível redução da discricionariedade inerente ao ofício de todos os agentes da cadeia de segurança. Consequentemente, a partir da década de 1990, todos os níveis do sistema de repressão já estavam devidamente dirigidos

---

[48] As *Parole Boards* consistem em conselhos de liberdade condicional. O uso de mecanismos atuariais no sistema de justiça criminal, a propósito, surge com o professor Ernest Burgess como uma tentativa de definir um método seguro, rápido e confiável para decisão dessas comissões. Foi dele a primeira proposta consistente de uma ferramenta para prognosticar o risco de reincidência de alguém submetido à avaliação técnica, o "Prognasio" (Dieter, 2013, p. 37-69).

por prognósticos de risco específicos, prontos para desafogar os gargalos do sistema penal.

Concluindo, de acordo com Maurício Dieter,

> entende-se por política criminal atuarial o uso preferencial da lógica atuarial na fundamentação teórica e prática dos processos de criminalização secundária para fins de controle de grupos sociais considerados de alto risco ou perigosos mediante incapacitação seletiva de seus membros. O objetivo do novo modelo é gerenciar grupos, não punir indivíduos: sua finalidade não é combater o crime — embora saiba se valer dos rótulos populistas, quando necessário —, mas identificar, classificar e administrar segmentos sociais indesejáveis na ordem social da maneira mais fluída possível (2013, p. 8).

Em síntese, presenciamos a ruptura da estrutura de uma justiça criminal fundada em princípios democráticos, como o da culpabilidade, que passa a ser dirigida por um paradigma gerencialista fundado na periculosidade.

Esse modelo que acabamos de examinar é apenas uma das formas com que o sistema criminal escolhe seus "clientes" (utilizando uma gramática propriamente neoliberal). Por óbvio, embora consista em uma tendência assustadora, não é a única maneira. Ainda podemos identificar que, majoritariamente, o aparelho criminal, para fins de criminalização secundária, utiliza-se da Teoria do *Labeling Approach*[49], em que um estereótipo prévio proporciona um efeito estigmatizante que conduz a ação dos agentes da lei.

---

49 "Não se pode compreender a criminalidade se não se estuda a ação do sistema penal, que a define e reage contra ela, começando pelas normas abstratas até a ação das instâncias oficiais (polícia, juízes, instituições penitenciárias que as aplicam), e que, por isso, o *status* social do delinquente pressupõe, necessariamente, o efeito da atividade das instâncias oficiais de controle social da delinquência, enquanto não adquire esse *status* aquele que, apesar de ter realizado o mesmo comportamento punível, não é alcançado, todavia, pela ação daquelas instâncias. Portanto, este não é considerado 'delinquente'. Neste sentido, o *labeling approach* tem se ocupado principalmente com as reações das instâncias oficiais de controle social, consideradas na sua função constitutiva em face da criminalidade" (Baratta, 2016, p. 86).

## CONSTRUÇÃO DA PRISÃO-DEPÓSITO

Como já registramos, esse novo arquétipo de prisão orienta não apenas pela dentenção decorrente do processo penal, mas também outras formas de segregação. Na realidade, estamos diante da elaboração de um padrão de prisão, e não apenas de uma forma de cumprimento de pena ou de uma violação eventual de direitos humanos.

Entretanto, como a prisão decorrente da justiça criminal é a que mais se destaca, em razão das elevadas taxas de encarceramento, além de ser o objeto central de nosso estudo, analisaremos em particular essa modalidade de prisão, para em seguida trazer hipóteses concretas acerca dessa e de outras formas de prisão-depósito.

## FINALIDADE DA PENA CRIMINAL[50]

A pena de prisão é um fracasso. Como já insistia Michael Foucault, "há um século e meio que a prisão vem sendo dada como seu próprio remédio; a reativação das técnicas penitenciárias como a única maneira de reparar seu fracasso permanente; a realização do projeto corretivo como único método para superar a impossibilidade de torná-lo realidade" (2014, p. 223), sendo, portanto, a conclusão lógica, "contrair ao máximo o sistema punitivo" (Batista, 1996, p. 37). No entanto, a prisão continua sendo o modo mais fácil de lidar com problemas sociais complexos e que demandam muito esforço e boa vontade para seu enfrentamento. Isso para não entrar na questão da utilização intencional da prisão como forma de poder e controle da classe menos favorecida, vale dizer, do emprego do poder punitivo como forma de controle e gestão de indesejáveis.

---

50 As informações deste tópico foram publicadas originalmente no texto "A crise do Estado democrático e a gestão dos supérfluos", de minha autoria (Figueiredo, 2018, p. 133-152).

Malgrado tal constatação, a pena criminal é utilizada indiscriminadamente em praticamente todo o mundo. Assim, mostra-se necessário o esclarecimento de quais são as funções (ou finalidades) oficiais da pena de prisão no Estado democrático de direito.

As finalidades dividem-se em duas teorias, quais sejam absolutas ou retributivas e relativas ou preventivas, sendo estas divididas em geral ou especial.

Começaremos pelas chamadas teorias absolutas da pena. Segundo Juarez Cirino dos Santos, a "pena como retribuição do crime representa a imposição de um mal justo contra um mal injusto do crime, necessário para realizar justiça e restabelecer o Direito" (2017, p. 423). Portanto, percebemos claramente que tal formulação mira em um fato já ocorrido, um acontecimento do passado. Esse pensamento tem claras raízes religiosas, no qual a pessoa recebe uma penitência pelo pecado cometido (*punitur, quia peccatum est*). Embora esse conceito traga à lembrança as penas corporais medievais, a pena como expiação pelo mal cometido, encontra suporte entre muitos — e com diversos fundamentos até os dias de hoje.

Com o processo de secularização do direito penal e o afastamento do sagrado, vale dizer, a proibição do direito penal ao serviço de finalidades transcendentais e moralistas, surge a hegemonia das teorias relativas da pena ou de prevenção. Nas palavras de Anabela M. Rodrigues, "na lógica de 'ideia de fim', o objetivo que o direito penal se coloca é de uma simplicidade e clareza meridiana: prevenção" (1995, p. 237).

Como já vimos, as teorias relativas dividem-se em teorias de prevenção geral e especial. Nesse contexto, já se altera o olhar do pesquisador, que abandona o passado e volta sua visão para o futuro. Essas teorias têm o escopo de evitar um fato que está por vir, portanto, possuem um caráter preventivo.

A prevenção geral pode ser negativa ou positiva. No viés negativo, a pena possui um poder ameaçador que conduz os indivíduos de uma sociedade a se absterem da prática de crimes. Como diz García-Pablos de Molina, a prevenção geral negativa "*mantiene que la pena lleva a cabo sus objetivos de prevención del crimen operando em la colectividad a través de unos mecanismos motivadores (contramotivadores) que se supone frenan y contrarrestan la delincuencia latente o potencial*" (2000, p. 139). Assim, de acordo com essa teoria, a pena criminal desempenha a função de evitar a lesão ao bem jurídico tutelado por meio da coação exercida pelo temor da aplicação da sanção superveniente. Atua, literalmente, como elemento de intimidação.

Já no tocante à prevenção geral de cariz positivo, ela tem berço na pós-modernidade e é conhecida, ainda, como teoria da prevenção/integração. A "base sociológica da teoria foi desenvolvida por Luhmann, que atribui ao direito as funções de (a) estabilização social, (b) orientação da ação e (c) institucionalização de expectativas normativas" (Santos, 2017, p. 428). Embora não haja um consenso absoluto na doutrina, predomina a ideia de que, por meio da pena criminal, opera-se a confirmação da vigência da norma ou, em outras palavras, a reafirmação da validade da norma penal infringida, restaurando, dessa forma, a confiança no direito. Na realidade, para os defensores dessa teoria, o crime causa um rompimento na ordem jurídica, devendo esta ser recomposta pela aplicação da pena, com o que se opera sua restauração.

Resta examinar as teorias da prevenção especial da pena. Seus defensores, tais como os que sustentam as teorias da prevenção geral, visam evitar que o crime ocorra, no entanto, com uma diferença fundamental: abandona-se o olhar para a sociedade em geral e leva-se em conta apenas o indivíduo em particular, agindo para que este não volte a delinquir. Mais uma vez, a prevenção especial se divide em positiva e negativa. Começaremos pelo aspecto positivo, deixando para o final a conceituação do negativo, que é a tendência nos países do hemisfério norte, em especial nos Estados Unidos e na Inglaterra, principais propagadores da política de globalização neoliberal, como já visto.

O discurso da prevenção especial positiva orienta-se no sentido da ressocialização do condenado e é fundado no ideal de reeducação e reinserção social do indivíduo que delinquiu porque era, ao tempo da ação, cultural e eticamente pouco desenvolvido e, em razão de tal fato, carente de educação, o que Foucault denominava de "ortopedia da moral" (2014, p. 15).

A questão nos traz à mente *O Processo Civilizador: o desenvolvimento do conceito de civilité*, de Norbert Elias, no qual vemos que "na verdade, nossos termos 'civilizado' e 'incivil' não constituem uma antítese do tipo existente entre o 'bem' e o 'mal', mas representam, sim, fases de um desenvolvimento que, além do mais, ainda continua" (2011, p. 70). O autor conclui que o conceito de civilizado tem diversas variantes de vários aspectos, sendo missão árdua a de dizer que determinado condenado é "incivil" e deve ser submetido a um processo "civilizatório" que possibilite sua reinserção no meio social de forma adequada, evitando que volte a delinquir.

Embora estejamos cientes de toda a problemática causada por essa afirmação, uma vez que dificilmente se encontrará legitimidade no ato de impor um modo de comportamento a outra pessoa, intervindo na sua liberdade decisória, parece-nos ser esse o melhor posicionamento a respeito das finalidades da pena. Entendemos que a questão se resolve com uma simples modificação de paradigma. Ou seja, no lugar de submeter o condenado, coercitivamente, a procedimentos que visem à sua recuperação, deve-se implementar um trabalho de conscientização e disponibilização (e não imposição) de programas educativos aos condenados, sendo estes, a toda evidência, de ordem facultativa.

Por último, a prevenção especial negativa. Os partidários desse pensamento, após anos de observação a respeito da eficiência do método da ressocialização, chegaram à conclusão de que a ideia não funciona (*nothing works*), e constataram que os gastos eram enormes e os resultados insignificantes. Afirmam, então, que só há um meio de evitar a reincidência: manter a pessoa presa, sem a necessidade de tentar recuperá-la; assim, o objetivo agora é sua neutralização. Portanto, apenas a privação total da liberdade do indivíduo, pela sua neutralização ou inocuização, acarretará a diminuição da criminalidade e a reincidência.

Somente com a execução da pena consegue-se evitar que o indivíduo pratique outros crimes, é o que afirmam os tecnocratas atuariais. Surge, então, o que se denominou de "armazenamento" de seres humanos considerados perigosos para a sociedade, criando-se uma política criminal de gestão de riscos, em outras palavras, uma política criminal atuarial.

Aqui ocorre uma guinada no curso que o pensamento sobre a pena vinha trilhando. Essa virada abandona os pilares iluministas, base dos Estados democráticos de direito, em nome de uma política neoliberal organizada sobre a técnica estatística e escorada na sociedade de risco, em que se vê o "predomínio dos interesses estruturais do capitalismo na direção do aparelho punitivo do Estado" (Dieter, 2013, p. 23). Esse fato, como veremos mais adiante, é a causa de um dos maiores atentados contra os direitos humanos da atualidade: a superlotação dos sistemas prisionais em decorrência de um encarceramento em massa.

Em vista da ampliação da utilização da técnica atuarial na esfera criminal, aliada ao fracasso das funções da pena, em especial da prevenção especial positiva, as penitenciárias passaram a ser verdadeiros armazéns de contenção de indivíduos classificados como perigosos de acordo com os instrumentos atuariais. É a consagração da prevenção especial negativa. Com o escopo de gerir de maneira eficaz grupos de risco, a cadeia tornou-se um local apenas para a incapacitação desse indivíduo, eleito por meio de parâmetros evidentemente etiológicos.

A economia da pena, no período medieval, simbolizava a expressão máxima de poder e soberania do rei, e era fundada em espetáculos públicos onde corpos eram literalmente destruídos diante dos olhos do povo. A primeira virada nessa forma de enxergar a pena veio com o estabelecimento das fábricas e a consequente necessidade de trabalhadores em um período em que a mão de obra era escassa. A prisão tornava-se o tubo de ensaio da fábrica, vale dizer, era uma instituição de disciplinamento físico e mental que moldava o indivíduo para o labor fabril. Nesse sentido, a prisão, nas palavras de Foucault, produzia corpos dóceis e flexíveis para atender às demandas do capital. Nascem as sociedades da disciplina como uma nova ferramenta de poder orientada à sujeição dos corpos e à transformação da alma. Assim, no período fordista, a prisão como instituição total não tinha a função de neutralizar ou inocuizar, pelo contrário, era instrumentalizada para a transformação do indivíduo.

Hoje, o contexto mudou, e, por isso, mudou também a orientação da função da economia da pena. A crise do Estado social, a desilusão com a recuperação do condenado em busca de sua ressocialização, bem como os interesses de uma postura neoliberal acarretaram a derrocada do Estado fordista, com a consequente modificação da orientação criminológica, que passou a adotar uma postura de lógica atuarial, estatística, como já vimos. Dessarte, o novo sistema capitalista e a sociedade globalizada criaram uma necessidade para os detentores do capital, que não mais necessitam de corpos dóceis e flexíveis para o trabalho nas fábricas. O perfil da classe trabalhadora alterou-se, pois, atualmente, ao contrário de outrora, há excesso de mão de obra, fato que cria uma nova categoria de pessoas, os "supérfluos". Nasce um grupo de indesejáveis que necessita de contenção, uma vez que não são mais interessantes ao sistema. Nesse exato ponto, há uma nova virada, abandona-se o modelo de sociedade disciplinar e consagra-se a sociedade de controle. Bauman definiu com precisão essa mudança: "nosso 'modo de vida moderno' inclui a produção de 'pessoas redundantes' (localmente 'inúteis', excessivas ou não empregáveis, em razão do progresso econômico; ou localmente intoleráveis, rejeitadas por agitações, conflitos e dissensões causados por transformações sociais/políticas e subsequentes lutas por poder)" (2017, p. 9).

A prisão deixou de ser "escola/hospital" e passou a ser um "armazém". Hoje, a ideia sustentada e ditada, em especial pela política criminal estadunidense, é a de "estocar" pessoas rotuladas como "sobras imprestáveis". A prisão transformou-se no instrumento para administrar a miséria criada pelo capitalismo; não que esse fato seja uma grande novidade, mas, agora, não há mais sequer o pudor de negar ou mascarar tal assertiva. É “a miséria governada através do sistema penal”, como afirma Alessandro De Giorgi (2006).

Em síntese, com a consagração do pensamento de que a pena de prisão não alcançava seu objetivo principal — a recuperação do preso (teoria *nothing works*) —, toda estrutura montada com objetivo correcionalista foi retirada do interior dos presídios. Assim, professores, assistentes sociais, psicólogos, psiquiatras e criminólogos foram demitidos; programas de tratamento individualizado, reabilitação, liberdade vigiada e livramento condicional foram cancelados. Enfim, restou a cela, visto que o novo cárcere funciona somente como instrumento de neutralização, satisfazendo pulsões políticas populares de endurecimento penal e atendendo aos ideais de controle da sociedade neoliberal.

Fixado o modelo que informou a reestruturação do cárcere na modernidade tardia, passaremos à análise dos quatro diferentes exemplos das modalidades de aprisionamento em que essa racionalidade se aplica, quais sejam o projeto de prisão-depósito na Argentina; as práticas antidemocráticas nas prisões de Guantánamo e Abu Ghraib; os centros administrativos de detenção de imigrantes ilegais; e a violação de direitos humanos nos campos de refugiados de Idomeni e Moria. Salientamos que o quadro do sistema prisional brasileiro será objeto de capítulo próprio, por isso não merecerá destaque neste momento.

Antes, gostaríamos de insistir que essas quatro modalidades de detenção, na realidade, não são apenas exemplos de mais uma rotina ou um ato estatal de desrespeito aos direitos humanos, mas, sim, de uma nova lógica, uma nova racionalidade de tratamento do excluído-supérfluo, fruto das modificações socioeconômicas, como já pontuamos exaustivamente. Estamos diante da lógica do armazenamento, que cria as prisões-depósito com a finalidade de controlar e estocar essa nova categoria de pessoas.

## PROJETO DE PRISÃO-DEPÓSITO NA ARGENTINA[51]

Após a sanção da Lei nº 24.660, verifica-se uma série de alterações na legislação criminal na Argentina, alterações que agravam o sistema de punições e, consequentemente, impulsionam o número de detentos no sistema carcerário. A mola propulsora desse endurecimento penal deu-se em razão das profundas modificações ocorridas a partir de 1990, decorrentes da união de partidários peronistas com defensores da aplicação da racionalidade neoliberal. Essa alteração política ocasionou o aumento da desigualdade socioeconômica, a exclusão e a expansão do trabalho precário, proporcionando a situação perfeita para o aumento dos "*delitos de la calle*" (Sozzo, 2007, p. 96).

Essa situação de emergência é o começo do abandono das políticas de recuperação aplicadas no cárcere argentino e da respectiva migração para o ideal do "armazém".

O crescimento da aparente falta de segurança nas ruas legitima o recrudescimento dos institutos penais. Políticos, com frequência, utilizam esse fato como moeda política e promessas de campanha em suas eleições. O argumento de combater o inimigo que se encontra em nosso meio vem surtindo efeito político. Entretanto, esse populismo punitivo não produz o resultado anunciado, dando causa somente a uma superlotação do sistema prisional.

O hiperencarceramento é uma das características, e serve como fundamento, do abandono do cárcere-normalizador (ou disciplinar), ao argumento de que o custo deste seria por demais elevado e o número excessivo de pessoas inviabilizaria a logística necessária para a implementação das práticas educacionais, laborais e afetivas em prol da reabilitação.

---

51 As informações deste tópico têm origem no texto de Máximo Sozzo "*¿Metamorfosis de la prisión? Proyecto normalizador, populismo punitivo y 'prisión-depósito' en Argentina*" (2007, p. 88-116).

> *En términos relativos, tomando en consideración las estimaciones poblacionales realizadas por el Instituto Nacional de Estadísticas y Censos se registraría entre 1997 y 2004 un crecimiento del 71% de la tasa de encarcelamiento que la había pasar de 83 cada 100.000 habitantes a 142 cada 100.000 habitantes* (Sozzo, 2007, p. 100).

De acordo com Máximo Sozzo, a Argentina vive um momento de transição no sistema prisional, no qual abandona o projeto correcional e adere ao modelo de armazenamento. O autor chega a tal conclusão em virtude do crescimento do populismo penal, das reformas legislativas que exasperam tanto a punição quanto a situação dentro do cárcere e do aumento da população carcerária. Além disso, ele destaca outras características, tais como:

A. **ELEVADO PERCENTUAL DE PRESOS SEM CONDENAÇÃO DEFINITIVA**
Como sabemos, a prisão é uma medida gravíssima que só pode ser decretada em razão de sentença condenatória definitiva ou, em hipóteses extremas, de forma cautelar. Ocorre que a política de contenção de grupos de risco ignora esse fato, tornando a prisão um instrumento necessário para alcançar seus propósitos. Assim, analisando a situação da Argentina, deparamo-nos com um quadro deveras temerário. Na província de Buenos Aires, sem levar em conta os presos que se encontravam custodiados em delegacias policiais, em 1996, 80% da população carcerária não tinha decreto condenatório. Em 2005, essa cifra subiu para alarmantes 85,5% de presos sem condenação.

B. **SUPERPOPULAÇÃO CARCERÁRIA**
Com a elevada taxa de crescimento registrada, torna-se inviável qualquer projeto correcional.

C. **CONDIÇÕES DESUMANAS DE VIDA, VIOLÊNCIA E MORTE**
Como o escopo é apenas o de isolar o preso do contato com a sociedade, sem nenhum outro objetivo, e não tendo os indivíduos

que ali se encontram valor algum, pouca atenção se dá ao local e ao ambiente em que eles vivem (ou melhor, sobrevivem). Prédios antigos e sem estrutura; falta de higiene; alimentação inadequada; deficiência no atendimento médico; dentre outras precariedades. Viver em um ambiente hostil e desumano traz como consequência óbvia a exacerbação da violência entre os que se encontram nesse tipo de local. Sendo tratados como selvagens, agem de tal forma.

Nesse contexto, falece o cunho ressocializador da prisão e surge o depósito de "humanos".

## PRÁTICAS ANTIDEMOCRÁTICAS NAS PRISÕES DE GUANTÁNAMO E ABU GHRAIB

A tragédia ocorrida no fatídico dia 11 de setembro de 2001, com o ataque ao *World Trade Center* realizado pelo grupo terrorista *Al Qaeda*, mediante o lançamento de duas aeronaves nas torres gêmeas, mudou o olhar da sociedade contemporânea em vários aspectos[52]. Uma das mudanças foi o despertar da voracidade do temido Estado de polícia, que estava adormecido nos porões do Estado democrático de direito, devido à declarada "guerra ao terror" anunciada e defendida, principalmente, pelos Estados Unidos.

Surge, daí, a segunda modalidade de estabelecimento de custódia, configurada com a mesma racionalidade da prisão-depósito, ou seja, a pura contenção sem quaisquer objetivos recuperadores ou mínimo respeito aos direitos humanos.

---

52 Muñoz Conde entende que esse acontecimento proporcionou o surgimento de um "incremento de violência e de luta contra o terrorismo", a ponto de "modificar a imagem de Direito Penal do Estado Democrático de Direito, como um Direito respeitoso das garantias e dos direitos fundamentais do cidadão, transformando-a em uma imagem de um Direito Penal Bélico" (2014, p. 13).

Em 2003, Guantánamo já contava com quase 700 presos. Essas pessoas eram consideradas prisioneiras de guerra e, portanto, não eram portadoras de direitos ou garantias provenientes da constituição ou das convenções internacionais.

Esses centros de detenção têm todas as características das prisões-depósito registradas neste estudo, por isso, neste momento, deter-nos-emos mais especificamente ao exame das práticas de tortura realizadas em prisões dessa natureza. Como veremos, infelizmente o processo civilizatório que almejamos passou muito distante do que ocorre, inclusive com autorização normativa do próprio Estado, dentro dessas unidades.

O Comitê de Inteligência do Senado americano trouxe a público a informação de que a prisão de Guantánamo fazia parte de um "programa de detenção secreta indefinida" (um depósito invisível de seres humanos), confirmando, ainda, que a tortura era uma prática permitida e regulamentada naquele centro.

O mesmo ocorreu em 2009, quando, após a divulgação de fotografias e vídeos que mostravam prisioneiros em Abu Ghraib sendo torturados por soldados americanos, "uma publicação oficial do governo norte-americano, datada de abril de 2009, revelou a regulamentação incrivelmente minuciosa da tortura, formulada nos manuais da CIA e depois aceita pelos responsáveis jurídicos do governo" (Todorov, 2017, p. 63). O que, inicialmente, imaginava-se ser um abuso isolado de um ou dois soldados, motivados pelo calor do combate, na realidade era uma política meticulosa e calmamente pensada e produzida por juristas, médicos e políticos, dentre outros. Dito de outra forma, a tortura está permitida e normatizada em pleno século XXI, por mais que pareça falsa essa afirmação.

A gramática belicista, sem sombra de dúvidas, serve de elemento atenuador da culpa em razão da anuência da população, tornando legítima tamanha brutalidade. Quando se declara que está em guerra, certas condutas passam a ser toleradas — não se ceifa a vida de um semelhante, mas, sim, derrota-se o inimigo. Esse é o efeito que a propagada "guerra ao terror" traz consigo. Ela legitima uma conduta como a tortura, uma vez que "necessária" nessa situação excepcional.

É impressionantemente chocante como o governo estadunidense regulou formas de tortura, valendo a transcrição do explicitado por Todorov:

> Nesse caso, as formas de tortura listadas são 10, número que aumentou depois para 13. Estão divididas em três categorias, cada uma com vários graus de intensidade: preparatórias (nudez, alimentação manipulada, privação do sono), corretivas (as pancadas) e coercivas (mangueiras com água, encerramento em caixas, suplício da banheira). Para as bofetadas, o interrogador deve bater com os dedos afastados, a uma distância igual entre a ponta do queixo e o fundo do lóbulo da orelha. O duche com mangueira do prisioneiro não pode ultrapassar os 20 minutos se a água estiver a 5 graus, 40 se estiver a 10 graus e 60 se estiver a 15 graus. As privações de sono não devem ultrapassar 180 horas, mas, após um repouso de oito horas, podem recomeçar. A imersão na banheira pode durar até 12 segundos, não mais de duas horas por dia, durante 30 dias consecutivos (em março de 2003, um prisioneiro particularmente rijo sofreu esse suplício 183 vezes). O encerramento numa caixa pequena não deve ultrapassar as duas horas, mas, se a caixa permitir ao prisioneiro ficar de pé, pode ir até oito horas seguidas 18 horas por dia. Se nela for introduzido um inseto, não se deve dizer ao prisioneiro que a picada pode ser muito dolorosa e até mortal. E assim sucessivamente, ao longo de muitas páginas (2017, p. 63-64).

Se encontrássemos essa situação em uma das páginas da obra *O martelo das feiticeiras*, escrito em 1484 pelos inquisidores, não causaria nenhuma estranheza.

Não há democracia que se sustente ante a autorização legal da prática de tortura, não há escusa que justifique essa abominável conduta. A tortura corrói e atinge todos, não só o torturado, mas o torturador e a própria humanidade como um todo.

Talvez essa seja a modalidade de detenção que mais perfeitamente se adeque ao modelo de armazenamento proposto pelo cárcere pós-fordista.

Os centros de detenção de imigrantes configuram um aparelho extrajudicial destinado ao controle de pessoas rotuladas de perigosas, pertencentes a uma categoria de risco pelo simples fato de serem imigrantes com algum problema de documentação. Mesmo sem terem praticado qualquer crime, devem ser detidos por prevenção.

Os detidos nesses centros de custódia não gozam sequer das garantias constitucionais do processo criminal, ou mesmo dos direitos previstos em matéria de execução penal (embora esses sejam cada vez mais rarefeitos). Como amplamente noticiado, os centros de detenção, muitas vezes chamados de "campos de detenção" em alusão aos campos de concentração nazistas, possuem péssima estrutura e falta de higiene, as famílias são separadas e as crianças são mantidas presas longe de seus parentes.

Alessandro De Giorgi afirma:

> Esses centros se configuram como dispositivos prepostos à contenção de uma população excedente e de uns *surplus* de força de trabalho desqualificada; eles prescindem explicitamente da consumação de um delito, das características individuais de quem está detido neles e de qualquer finalidade educativa ou correcional, para orientar-se no sentido da "estocagem" de categorias inteiras de indivíduos consideradas de risco. O cárcere atuarial, da mesma maneira que o centro de detenção para migrantes, torna-se então, e cada vez mais, uma zona de espera em que se procede à alocação dos indivíduos singulares às diversas classes de risco das quais deverão continuar a fazer parte no futuro (2006, p. 98).

## A VIOLAÇÃO DE DIREITOS HUMANOS NOS CAMPOS DE REFUGIADOS DE IDOMENI E MORIA

Hannah Arendt, ao comentar sobre a morte de Walter Benjamin, classificou a tragédia como um "elemento de má sorte". Entretanto, quase 80 anos depois, a mesma "má sorte" ainda se repete para muitas pessoas. Conta a história que Benjamin, com o objetivo de fugir do pesadelo hitlerista, tentou migrar para a Espanha, mas, no momento da travessia, a fronteira franco-espanhola se encontrava fechada, tendo sido os judeus capturados para envio aos campos de concentração. Diante dessa situação, ele comete suicídio. A ironia do destino é que a fronteira em seguida foi aberta, afirmando os historiadores que ela ficou fechada apenas naquele exato dia.

Hoje, como dito, a condição de excepcionalidade desse lamentável fato desmancha-se no ar, quando, não adultos, mas crianças suicidam-se nos campos de refugiados criados em razão do mesmo fechamento das fronteiras.

Para registro, no caleidoscópio do "azar" ainda podemos registrar a melancolia do golpe do destino em que, como escreve Juan Carlos Velasco, a vida de um ser humano e seu desenvolvimento dependerão de que lado da fronteira essa pessoa nasceu: "*En pocos terrenos como en el contexto migratorio, el azar de nacer a un lado a otro de una frontera deviene un hecho tan determinante*" (2016, p. 9).

A multidão de pessoas desnecessárias e indesejadas — produzida por um neoliberalismo globalizado e somada a questões geopolíticas, à neocolonização e a conflitos armados (que podem ser realizados e fomentados tanto pelos Estados como por meio de grupos privados) — dá origem ao que chamamos de refugiados, ou seja, aqueles que fogem da violência generalizada, do abandono completo e de gravíssimas violações de direitos humanos. Portanto, concordamos com Bauman quando ele afirma que esses indivíduos "compartilham uma característica decisiva: são todos redundantes. Dejetos ou refugos da sociedade. Em suma, lixo. 'Lixo' é, por definição, o antônimo de 'coisa útil', devota objetos sem utilidade possível" (2013, p. 67).

Destarte, os refugiados transformam-se no inimigo da vez, o "outro" perigoso do qual "nós" temos de nos defender, eles são os "de fora", "estrangeiros", "outsiders". A forte pulsão narcísica (Mbembe, 2017b, p. 54) de nossos tempos constrói o "novo racismo" (Wieviorka, 2006, p. 170) que objetiva "manter os grupos discriminados à distância". Dessa lógica defluem as duas consequências que destacamos com frequência: a primeira, no sentido de que as sociedades contemporâneas estruturam-se não mais com relação a essa categoria de indivíduos em termos de dominação e exploração, mas, sim, em termos de exclusão definitiva; a segunda é a racionalidade "*Warehousing*", a construção de prisões-depósito para "o confinamento da diferenciação" (Wacquant, 2015b, p. 347), prática que não se traduz sequer originalidade, pois, tradicionalmente, o Estado sempre fomentou a construção de aparelhos de confinamento "realmente estigmatizados" (Mbembe, 2017b, p. 59) para gerir e conter indesejáveis. Como se pode notar, essas duas lógicas se complementam.

O eixo central da questão trazida à baila é o exame do dispositivo criado para a inocuização dos refugiados. Na sanha de gerir e conter a alteridade transformada em inimigo, implementa-se o modelo de vigilância, derivado do panóptico benthamiano, definido por Didier Bigo e chamado de banóptico. Bigo desenvolve um estudo no qual verifica a tendência da instalação de mecanismos e tecnologias para "manter à distância" os "estrangeiros" indesejados. Às margens das fronteiras vigiadas pelo "banoptismo", instalam-se os "campos de refugiados", os depósitos de entes que simbolizam o "nível zero da humanidade" (Zizek, 2013, p. 59).

Após dez anos de estudos em campos de refugiados, em vários lugares do planeta, Michel Agier conclui que, observando a realidade das pessoas que "vivem" nessa condição, resta comprovada a binária do ser humano em incluídos e descartáveis. "*Two great words categories that are increasingly reified: on the one hand, a clean, healthy and visible world; on the other, the world's residual 'remnants' dark, discased and indivisible*" (2018, p. 4). Vejamos a situação específica de dois campos de refugiados, o campo de Idomeni e o campo de Moria, para tentarmos compreender o motivo que levou o antropólogo a alcançar tal conclusão.

Segundo a Agência das Nações Unidas para Refugiados (ACNUR), mais de 65 milhões de pessoas foram forçadas a abandonar seus lares em virtude da violência e do abandono causados por conflitos e perseguições. Somente na Síria, seis anos de guerra civil forçaram mais de cinco milhões de pessoas a se deslocar para outros países. Nesse contexto, Gabriel Bonis pinta com cores vivas o quadro do campo de refugiados de Idomeni, localizado na fronteira da Grécia com a Macedônia, que, inicialmente, abrigava 150 pessoas e, depois, alcançou a assustadora marca de mais de 14 mil refugiados.

"Uma das piores e mais vergonhosas crises da humanidade" é de plano a conclusão que Bonis (2017) registra em seu livro *Refugiados de Idomeni: o retrato do mundo em conflito*. Em seguida, começa a descrever a rotina diária do campo, em que, por meio de relatos impressionantes, nota-se a dimensão da violação dos direitos humanos de que são vítimas aquelas pessoas. O terror começa antes mesmo da chegada ao campo, na travessia do mar Egeu. Durante a profunda escuridão da madrugada que aterroriza, mas serve como camuflagem, 45 pessoas, entre elas muitas crianças, tentam atravessar o mar e chegar à costa em um bote inflável. A verdadeira visão ou miragem de pessoas boiando no mar não era surpresa, uma vez que "o mar se transformou em cemitério para milhares de refugiados" (2017, p. 22).

Superando o primeiro desafio, na esperança de alcançarem algum país europeu em busca da sobrevivência, os refugiados encontram a "fortaleza" fechada. Assim, o destino é a permanência no campo de refugiados, já que, para a maioria, a volta ao país de origem significa assinar sua sentença de morte. As condições do campo de Idomeni (não sendo diferente de grande parte dos outros) são desumanas. Rami, um refugiado de 18 anos de idade, relata que "a vida em Idomeni é um inferno". Há superlotação; faltam alimentação, água potável e leitos para todos; e o frio é extremamente forte. Rami continua:

"nossa barraca ficava molhada porque chovia demais. E não havia espaço para todo mundo nela. Era muito frio, e tive que passar três dias dormindo do lado de fora" (apud Bonis, 2017, p. 34-35).

A comparação com os campos de concentração nazistas mostra-se praticamente inevitável. Foi o que se viu quando o ministro do Interior da Grécia não suportou e chamou o campo de "Dachau moderno", como salienta Bonis.

Infelizmente, melhor situação não encontramos quando viramos nosso olhar para o campo de refugiados de Moria, na ilha grega de Lesbos. Considerado um dos piores campos de refugiados do mundo, ele nos faz lembrar, mais uma vez, do suicídio do filósofo da Escola de Frankfurt. Segundo a organização humanitária Médicos Sem Fronteiras, em reportagem de Catrin Nye (2018) para a emissora de TV *BBC News*, crianças de dez anos de idade já tentaram suicídio no local. O campo teria sido projetado como abrigo provisório para acolher refugiados que se deslocavam e precisavam ali permanecer por alguns dias, mas não foi o que aconteceu. Na realidade, transformou-se em depósito de "muçulmanos" — modo com que, segundo Primo Levi (1988, p. 130), eram chamados em Auschwitz os judeus que, desprovidos de qualquer qualidade normalmente imputada ao ser humano, estavam próximos da morte.

O modelo conceitual trazido pelo "muçulmano" de Levi é perfeito para a compreensão do tratamento dispensado aos refugiados que se encontram detidos em Moria e na maioria esmagadora dos demais campos de refugiados. Porquanto, somente um ente desprovido de qualquer qualidade de um ser humano pode ser destinatário de tamanha atrocidade. O campo é superlotado, em péssimas condições sanitárias, há um banheiro para cada 70 pessoas, as crianças brincam entre as fezes espalhadas pelo chão, todos vivem em contêineres ou em barracas, e uma única barraca chega a abrigar 17 refugiados. Em razão da disputa pela pouca alimentação — e em virtude de ataques de pânico, de traumas oriundos da guerra e da multiplicidade de etnias —, a violência é extrema. Crianças não conseguem dormir com medo de sofrerem algum ataque. Além disso, estupros ocorrem a todo instante, assim como doenças de vários tipos, principalmente problemas de saúde mental. Luca Fontana, coordenador do Médicos Sem Fronteiras em Lesbos, relata: "nunca tinha visto um nível de sofrimento como o que testemunhamos aqui todos os dias" (Nye, 2018).

Após uma breve análise desses dois campos de refugiados, mostra-se fundamental verificar se tais práticas se coadunam com as regras atinentes a um Estado democrático de direito, que deve, a toda evidência, buscar sempre a proteção da dignidade da pessoa humana. Para tanto, é indispensável a lição de Giorgio Agambem quando, analisando Auschwitz, traz o conceito de "campo", visto que é absolutamente pertinente como o quadro acima narrado:

> O campo é o espaço que se abre quando o Estado de exceção começa a tornar-se regra [...]. Na medida em que os seus habitantes foram despojados de todo estatuto político e reduzidos integralmente à vida nua, o campo é também o mais absoluto espaço biopolítico jamais realizado, no qual o poder não tem diante de si senão a pura vida sem qualquer mediação (2008, p. 9).

O conceito trazido por Agambem é claro e preciso. Há absoluto desrespeito a todo e qualquer postulado proveniente de Estado democrático em um cenário como o que vemos nos campos de refugiados espalhados pelo globo. Como é cediço, tratando-se de detenção, objetiva-se sempre a contenção e a diminuição dos danos produzidos pela ação. Tal afirmação encontra amparo ético e argumentativo no princípio da humanidade, um dos alicerces do Estado democrático de direito. Esse princípio constituiu um escudo contra as ações que, de alguma forma, pretendem a redução dos presos à categoria de "não pessoas".

De fato, a conclusão a que se chega é no sentido do total descumprimento dos direitos sociais garantidos aos refugiados. E tal situação decorre não de uma política isolada ou de uma falha na prestação do serviço público de um determinado Estado, mas da lógica que informa o modelo da prisão pós-fordista.

# O APARELHO PUNITIVO BRASILEIRO

COMO VIMOS, o abandono do Estado social e a ascensão do Estado penal geraram uma completa modificação na gramática punitiva aplicada pelo campo burocrático. Essa transformação ocasionou um giro radical na política criminal, no sentido do endurecimento das punições e da modificação do conteúdo e do objetivo político da pena de prisão. A prisão passou a servir como dispositivo neutralizador, não mais havendo qualquer fim reabilitador. Com esse novo ideal, ocorre a implementação de políticas estatais altamente repressivas e fulcradas nos discursos de "lei e ordem", como o programa "Tolerância Zero".

Analisamos esse cenário mundial, principalmente nos Estados Unidos e na Europa, com o propósito de entender o assustador atentado contra os excluídos no Brasil. A história mostra que há, normalmente, um fluxo natural de migração das ideologias e políticas do norte para o sul global. Esse paradigma se confirma, aqui, ao passo que a política de encarceramento em massa da população indesejada de perigosos que aconteceu nos países centrais vem se reproduzindo também em nosso país. Rosa del Olmo (2004) já pontuava que a análise da criminologia latino-americana deveria ter sempre no horizonte sua dependência com o capitalismo da região.

Portanto, a partir de toda a construção realizada até agora, passaremos a analisar a situação brasileira, destacando o fenômeno da explosão da população carcerária, o novo objetivo da prisão, bem como a utilização de políticas repressivas, legitimadas pelo discurso de "lei e ordem" fundado no medo coletivo.

Embora as políticas dos países centrais encontrem ressonância na política brasileira, não podemos ignorar o fato de que nunca ocorrerá uma reprodução idêntica. As peculiaridades de cada local influenciarão na forma e na intensidade das ações e no resultado alcançado. Nesse aspecto, dois pontos merecem destaque. Em primeiro lugar, o Brasil nunca foi um Estado de bem-estar social na essência. As políticas sociais implementadas em nossas terras foram marcadas pela precariedade e escassez, e não houve uma política social efetiva que pudesse caracterizar o Estado em decorrência dessa atividade. Em segundo lugar, nosso ordenamento jurídico é pautado pela tradição romano-germânica, diferentemente do que sucede, por exemplo, nos EUA e na Grã-Bretanha, que aplicam o sistema de *Common Law*; diferença estrutural que influencia nos métodos e consequências da intervenção estatal. Entretanto, em que pesem as características de cada região, estamos fadados a sofrer a influência das políticas socioeconômicas oriundas dos países centrais, mormente em um mundo conectado globalmente.

A partir da década de 1970, o assistencialismo foi superado e, por via reflexa, o previdenciarismo penal sucumbia. As políticas neoliberais de Reagan e Thatcher aumentaram a desigualdade e o desamparo da população necessitada, intensificando, concomitantemente, a punição e o encarceramento neutralizador da classe de excludentes. No Brasil, esse fenômeno ganha terreno 20 anos depois, com a redemocratização, quando as questões sociais conflitantes passam a receber um tratamento penal mais severo.

O país chega ao final da década de 1980 com metade de suas famílias abaixo da linha da miséria e com uma dívida externa que ultrapassou os US$ 100 bilhões em 1986, decorrente do enorme investimento realizado no setor industrial. É bem verdade que havíamos acabado de passar por um período conhecido como "milagre econômico" (1968-1973), mas, infelizmente, esse chamado milagre só beneficiou uma pequena parcela da população. No que concerne à política criminal, predominava a Doutrina da Segurança Nacional. Base teórica do regime ditatorial, ela foi elaborada, primordialmente, pela Escola Superior de Guerra (ESG), criada logo após a Segunda Guerra Mundial, tendo por modelo a *National War College*, para a qual o desiderato principal era o combate ao comunismo e aos adversários políticos.

O desenvolvimento dessa doutrina aponta não apenas para o combate do "inimigo externo" em favor da segurança da nação, mas, também, e fundamentalmente, para o ataque ao "inimigo interno", vale dizer, aquele que se encontra camuflado no seio da sociedade e consiste no principal empecilho para que o país alcance o desenvolvimento social e econômico desejado.

Nesse diapasão, o general Breno Borges Fortes, comandante do Estado Maior do Exército, em 1973, define o "inimigo interno" nos seguintes termos:

> O inimigo [...] usa mimetismo, se adapta a qualquer ambiente e usa todos os meios, lícitos e ilícitos, para lograr seus objetivos. Ele se disfarça de sacerdote ou professor, de aluno ou de camponês, de vigilante defensor da democracia ou de intelectual avançado [...]; vai ao campo e às escolas, às fábricas e às igrejas, à cátedra e à magistratura [...]; enfim, desempenhará qualquer papel que considerar conveniente para enganar, mentir e conquistar a boa-fé dos povos ocidentais. Daí porque a preocupação dos Exércitos em termos de segurança do continente deve consistir na manutenção da segurança interna frente ao inimigo principal; este inimigo, para o Brasil, continua sendo a subversão provocada e alimentada pelo movimento comunista internacional[53].

Portanto, o ideal imposto pelo regime militar utilizava um discurso de guerra e de combate aos inimigos e criminalizava determinadas condutas para eliminação de seus dissidentes. Sem dúvida, a construção de uma política criminal nesses termos agravou terrivelmente a qualidade de vida no interior do cárcere, com prisões abusivas e prática de tortura. E, embora não tenha ocasionado uma alteração substancial de ordem quantitativa na demografia do cárcere brasileiro, serviu de base para tal.

---

53 *Jornal da Tarde*. Caderno A. São Paulo, setembro de 1973, p. 14.

Malgrado esse período ditatorial represente uma das maiores manchas em nossa história, foi após o seu encerramento que houve a explosão do encarceramento. Foi justamente o alicerce social que deu causa e fomentou a utilização do aprisionamento como principal política estatal que nos interessa na presente investigação.

Em 1989, o país elege, democraticamente, Fernando Collor de Mello para o cargo de presidente da República e, com ele, o neoliberalismo desembarca por aqui. A partir de então, houve uma radical modificação das nossas políticas estatais. O pêndulo da disputa no interior do campo burocrático mudou de lado, proporcionando a abertura comercial de fronteiras, a liberação econômica e a implementação de um modelo gerencial fundado no princípio da eficiência próprio da iniciativa privada. Ademais, implementou-se uma reforma administrativa em que se via claramente a condução neoliberal nos assuntos propriamente públicos, que, naquele momento, deixaram de o ser. Essa reforma implementava de maneira explícita a racionalidade neoliberal, que abordamos anteriormente, propondo a privatização das empresas públicas, a delegação dos serviços públicos à iniciativa privada e a terceirização de algumas funções estatais. No mesmo contexto, houve, ainda, o fenômeno da precarização do trabalho, por meio de modificações legislativas que antes proporcionavam estabilidade e garantias ao trabalhador.

Assim, outra não foi a consequência da implementação da razão neoliberal no Brasil senão aquela já percebida há duas décadas nos países do norte: o aumento da desigualdade, da pobreza e do desemprego formal, bem como a vedação ao acesso da população à educação, à saúde e à moradia. Em suma, o aumento exponencial de uma massa de excluídos.

Tal qual se viu nos EUA e na Europa, exatamente nesse ponto ocorreu a virada no *trend* das taxas de encarceramento no Brasil. Como veremos adiante, isso se deve à utilização do cárcere como depósito de supérfluos, que, em nosso país, transformou completamente a realidade do sistema prisional. Em 1997, contávamos com pouco mais de 170 mil presos e, hoje, já ultrapassamos a barreira de 800 mil. Outro fator central no aumento do quantitativo populacional no cárcere decorre da solidificação de um discurso punitivista, fundado na propaganda do medo, produzindo uma legislação altamente repressiva que fomenta a ampliação do aparelho penal do Estado.

Nos tópicos seguintes, abordaremos o eixo central de nossa investigação: a origem e a forma desse discurso de "lei e ordem"; o surgimento e o incremento de uma legislação criminalizante e repressiva; e o reflexo no cárcere com a consequente alteração de suas funções e objetivos. Nossa análise terá como recorte temporal da década de 1990 — momento da virada da política criminal brasileira, decorrente do surgimento do neoliberalismo nacional — até os dias de hoje. Demonstraremos que a doxa punitiva neoliberal, sedimentada no discurso de "lei e ordem", causadora de um encarceramento em massa, é claramente percebida por dois principais fenômenos, quais sejam a hipertrofia de uma legislação criminalizante e repressiva e a utilização do cárcere como mero armazém para estocagem dos resíduos de nossa sociedade.

No entanto, o hiperencarceramento brasileiro não pode ser considerado um resultado exclusivo da implementação da ideologia punitiva de contenção e repressão neoliberal. Para se compreender de maneira acertada esse fenômeno, devemos ter em mira a lógica estruturante da sociedade brasileira, ou seja, a escravidão. Assim, o entendimento acerca da utilização do cárcere no Brasil passa, necessariamente, pela observação de que as relações sociais em nosso país são organizadas a partir da perpetuação das relações desenvolvidas no interior do latifúndio escravagista. Portanto, nossa tecnologia punitivista é fruto da implementação de uma racionalidade neoliberal numa sociedade estruturada até hoje pela lógica da pessoa e do escravizado.

## A LÓGICA DO LATIFÚNDIO ESCRAVAGISTA

O aparelho punitivo brasileiro, sem dúvida, constitui a continuação da escravidão por outros meios. Entender a sociedade brasileira passa, necessariamente, por observar como se desenvolvem as relações sociais que são organizadas por meio da perpetuação da estrutura de trabalho que constituía o elemento central do período colonial. Essa estrutura é representada pelo latifúndio escravagista, uma vez que, por meio de sua lógica, era estabelecido uma espécie de enquadramento ontológico bipartido no interior da sociedade. Isso porque esse sistema definia uma clara divisão entre aqueles que alcançariam a condição de sujeitos e aqueles que recairiam à condição de objeto, demarcando o limite entre aqueles que são pessoas e aqueles que são coisas.

Embora, no aspecto formal, a sociedade brasileira não seja mais uma sociedade escravagista, isso não se percebe no sentido estrutural de sua reprodução material. A clivagem existente entre pessoas e não pessoas que marca o período da escravidão nunca desapareceu do horizonte nacional, ao contrário, ela é o elemento central que informa a sociedade contemporânea, em que a maior parcela da população está na condição de coisa.

Essa permanente deterioração de uma parte fundamental da população brasileira continua sendo marcada pelas questões de raça oriundas de nosso passado (embora, como veremos, hoje também atravessadas por questões de classe e gênero), sendo um elemento estruturante de nossa sociedade. Cabe ainda ao Estado a função de, constantemente, relembrar a essa parcela da população que ela não passa de coisa e nunca alcançará a condição de sujeito, portanto, não deve esperar qualquer forma de reconhecimento.

Sendo a discriminação racial elemento essencial nesse mecanismo, é indispensável que estabeleçamos critérios para delimitar a noção de raça. Não é pacífico o entendimento acerca do termo raça. No entanto, como declara Silvio Almeida, podemos afirmar com tranquilidade que essa expressão sempre serviu para determinar classificações entre certos objetos, primeiramente, plantas e animais, e depois, seres humanos: "A noção de raça como referência a distintas categorias de seres humanos é um fenômeno da modernidade, que remonta aos meados do século XVI" (Almeida, 2019, p. 19).

Com a superação do medievo, o homem se desvencilhou dos dogmas religiosos e dos desmandos políticos, atribuindo à razão importância fundamental na formação da subjetividade individual, passando a ocupar o papel central no curso da história, como consagrado no *cogito, ergo sum* cartesiano. Dentre algumas rupturas ocorridas nesse contexto histórico, duas têm importância central para o conceito de raça como padrão de categorização de seres humanos: a pujança marítima que proporcionou a descoberta de novas terras, forjando a base material para início das práticas da burguesia capitalista; e a transformação cultural decorrente da renascença.

A renascença, com o discurso de seus eruditos, liberta o homem das amarras impostas pela igreja católica, por meio do regresso aos ensinamentos e à forma de vida greco-romana. A despreocupação com as ações terrenas e a ausência de medo da punição divina colocam o homem no centro de seus desejos, iniciando, assim, a secularização da sociedade europeia. Esse processo faz com que o divino perca seu protagonismo, dando espaço para a figura do homem que, em razão de seu destaque, necessita ser definido com um enquadramento mais preciso. Diante da multiplicidade da existência humana, ganha força a noção de raça, para a respectiva classificação e definição do protagonista da história. A recuperação da arte nesse contexto histórico demonstra claramente a posição que o homem passa a ter na sociedade, bem como, define inclusive suas características físicas, bastando, para tanto, uma simples comparação das esculturas de Davi, de Michelangelo, ou de Hermes, de Praxíteles, com suas formas matematicamente perfeitas e proporcionais, com a ideia medieval do modelo humano demonstrado nas figuras de Adão e Eva, esculpidos no portal de bronze da catedral de Hildeshein na Alemanha.

O início da expansão econômica do capitalismo também corroborou a necessidade da utilização do conceito de raça, com o fomento ao individualismo exacerbado e a necessidade da exploração da força de trabalho do outro. Além disso, forjou as bases materiais para o abandono do modelo feudal, possibilitando uma acumulação de capital que transformou o europeu no padrão de homem universal.

Embora, aparentemente, o conceito de homem seja quase intuitivo, não é isso que ocorre no mundo dos fatos. Essa definição é filosoficamente talhada na modernidade, sendo fundamental a noção de raça, por meio da qual se delimitará a fronteira entre os reconhecidos como sujeitos e aqueles caídos à condição de coisa.

A chegada do iluminismo agregou um novo aspecto à noção de homem desenvolvida a partir do século XVI. Com as luzes, o sujeito já tinha o controle de suas ações e a consciência de seu protagonismo social, então, passa a ser também objeto de análise das multiplicidades que congregava em si. O homem passa a ser analisado em seus diversos matizes, realçando, assim, as diferenças existentes entre os seres humanos. Em especial, destacavam-se as características biológicas e étnico-culturais como instrumentos de comparação e categorização. Essa circunstância, somada à expansão marítima e à necessidade da constante exploração das colônias, foi decisiva para o surgimento da distinção entre civilizado e selvagem.

A ideia de raça se destaca nesse contexto histórico, uma vez que fixa as características das pessoas que serão consideradas civilizadas, bem como daqueles que serão tidos como selvagens. Essa classificação racial entre homem civilizado e selvagem (aquele que não possui a condição de sujeito) é fundamental para o exercício do poder e consequente subjugação do outro. Como pontua Roberto Machado na introdução à obra *Microfísica do Poder*, nos alertou Foucault que "o poder não é um objeto natural, uma coisa; é uma prática social e, como tal, constituída historicamente" (Foucault, 2017, p. 12). Dessa maneira, a determinação de uma raça inferior faz com que a relação desta com a do homem civilizado seja um campo de dominação e exercício de poder.

O moderno conceito filosófico de homem, alcançado com o projeto iluminista e acompanhado do avanço industrial e do fortalecimento do capitalismo, impulsionou um "movimento de levar a civilização para onde ela não existia, que redundou um processo de destruição e morte, de espoliação e aviltamento, feito em nome da razão e a que se denominou de colonialismo" (Almeida, 2019, p. 21). Na realidade, a pretexto de civilizar o primitivo, o que se viu foi o exercício brutal de exploração e morte com a escravização dos povos colonizados.

A classificação de seres humanos serviu e serve como tecnologia de destruição. A colonização foi o experimento que concretizou o processo de desumanização, com a utilização da escravidão como motor central de funcionamento de toda a engrenagem e paradigma ideológico da existência humana, em que seres humanos são transformados em objetos.

O racismo nada mais é que um conceito político que discrimina pessoas, naturaliza diferenças e legitima o exercício do poder violento e da dominação. A escravidão no Brasil, por séculos, existiu com base nesse paradigma.

A tecnologia racista da escravidão foi o sistema utilizado por Portugal durante o período em que o Brasil foi sua colônia. Os escravizados eram a força motriz do engenho brasileiro, que não funcionava sem a sua presença. "Real alicerce da sociedade, os escravizados chegaram a constituir, em regiões como o Recôncavo, na Bahia, mais de 75% da população" (Schwarcz; Starling, 2018, p. 79).

Apesar de a escravidão não ser um sistema moderno — temos histórico de escravizados desde a antiguidade —, a estrutura criada a partir do século XVI se diferencia das demais em razão da organização de um modelo em que o tráfico se desenvolvia com muita intensidade, e também porque, diferentemente da escravidão da antiguidade, a moderna se caracterizava por ser a principal força para a economia da época. O Brasil era o destino mais frequente do tráfico negreiro desenvolvido pelos portugueses. Como afirmam Lilia Schwarcz e Heloisa Starling, "foram transportados para as Américas de 8 milhões a 11 milhões de africanos durante todo o período do tráfico negreiro; desse total, 4,9 milhões tiveram como destino final o Brasil" (2018, p. 82). A vida do escravizado era marcada por um intenso sofrimento físico e mental que iniciava desde sua captura em uma tribo africana, passava pelos horrores da travessia do Atlântico e terminava com a exploração máxima em terras brasileiras.

O sistema escravocrata constitui a naturalização da violência, em seu sentido mais forte. Foi necessário o emprego do sistema de escravismo moderno nas colônias para obrigar que os trabalhadores desempenhassem uma dura rotina, sem nenhum proveito próprio e longe de sua origem. Somente com emprego de muita violência e cerceamento de liberdade seria possível alcançar tal objetivo, como apontam Schwarcz e Starling:

> Só se pode entender a montagem de uma instituição do porte do escravismo moderno atentando-se para a articulação entre a criação de colônias no ultramar e seu funcionamento sob a forma de grandes unidades produtoras voltadas para o mercado externo. A monocultura em larga escala exigia um grande contingente de trabalhadores que deveriam se submeter a uma rotina espinhosa, sem ter nem lucro nem motivação pessoal. Recriou-se, desse modo, a escravidão em novas bases, com a utilização de mão de obra compulsória e que exigia — ao menos teoricamente — trabalhadores de todo alienados de sua origem, liberdade e produção. Tudo deveria escapar à consciência e ao arbítrio desse produtor direto (2018, p. 91).

A consolidação dessa organização produtiva só era possível por meio da implementação extremamente violenta de um código de punição e disciplinamento dos escravizados. Ao argumento de uma atividade civilizadora, proprietários de terras e a igreja impunham manuais de condutas que destruíam por completo a própria subjetividade do trabalhador negro. A violência é o elemento central do sistema de escravidão. Não bastasse a própria atividade produtiva desempenhada pelo negro ser em si mesma já violenta, em virtude da sua massacrante rotina e dificuldade, ele ainda era submetido a açoites físicos, humilhações e privações de toda espécie. Os proprietários buscavam a todo custo dobrar o escravizado visando à sujeição e obediência incondicionais ao trabalho.

Além da violência, outras práticas sociais visavam naturalizar as diferenças entre os proprietários e os escravizados. A casa-grande e a senzala traçavam o limite geográfico de moradia; a alimentação e as roupas, da mesma forma, realçavam o lugar de cada um. Enfim, tudo contribuía para a desumanização. A fissura causada pela escravidão na sociedade brasileira ainda é latente em certas situações. Hoje, por exemplo, observamos em vários edifícios a existência de elevador de serviço, para transporte de carga e empregados, que frequentemente são pessoas negras. Essa mesma marca do nosso passado também se vê presente na atividade de nosso aparelho punitivo, bastando, para tanto, uma simples verificação das ações policiais que interpelam muito mais negros do que brancos, redundando tal fato no maior encarceramento de negros.

A escravidão, portanto, não foi apenas um sistema econômico, ela naturalizou as desigualdades estabelecidas pelo enquadramento racial, transformando as subjetividades e o comportamento dos indivíduos no âmbito social. Assim, deve ser entendida como uma concepção estruturante, criadora de uma gramática que molda as condutas e padroniza as desigualdades sociais pela raça e pela cor. Esse conceito excludente e cruel se protraiu no tempo, tornando-se a linguagem que fundamenta as relações sociais no Brasil. Assim, como escreveu Lilia Schwarcz:

> A escravidão foi bem mais que um sistema econômico: ela moldou condutas, definiu desigualdades sociais, fez da raça e cor marcadores de diferença fundamentais, ordenou etiquetas de mando e obediência, e criou uma sociedade condicionada pelo paternalismo e por uma hierarquia muito estrita. [...] Um sistema como esse só poderia originar uma sociedade violenta e consolidar uma desigualdade estrutural no país (2019, p. 27-29).

Como ensina Jessé Souza, "a questão do poder é a questão central de toda sociedade" (2017, p. 11), sendo assim, é necessário entender o processo de construção e reprodução desse poder para que efetivamente se possa compreender determinada sociedade. Na brasileira, a lógica do latifúndio representa seu elemento central, sendo uma tecnologia de dominação e exercício do poder fundada na desigualdade e na exclusão, que só pode prosperar por meio da implementação de uma violência descomunal.

A superação formal do modelo escravagista não implicou necessariamente a extinção do sistema de desigualdades estruturais estabelecidas no âmago da sociedade. Ao contrário, o negro liberto continuou desamparado e marginalizado, não existindo nenhum modo de integração social. De fato, o período pós-emancipação apenas modificou a forma de opressão sistematizada na escravidão. Como afirma Florestan Fernandes:

> Coube ao negro por ser escravo e liberto sofrer a colonização em sua modalidade mais daninha e arrasadora. No Brasil, infelizmente, a descolonização confundiu-se com os interesses do senhor e foi interrompida nos limites em que o estamento senhorial sentiu-se apto para proteger-se contra as consequências do pacto colonial e para dirigir as estruturas de poder, nascidas com a independência. O escravo, o liberto, o homem pobre livre permaneceram encadeados à colonização, às suas necessidades imperiosas, que os despojavam de sua condição humana, e às suas consequências materiais e morais que os privavam de ser gente (2017, p. 45).

A libertação dos negros, da forma com que foi feita, trouxe uma piora considerável para sua existência. Havia muita dificuldade em conseguir um trabalho "livre" que não fosse uma continuidade da escravidão por outros meios. Isso acontecia tanto no campo quanto nos centros urbanos, onde a situação ainda era pior. A comida piorou e a casa também não mais existia. O abandono e o desamparo eram absolutamente totais, o que os tornou vagabundos, perigosos, bêbados, capoeiras etc. Essa condição perpetuava a desigualdade social já existente na escravidão, mantendo o estigma negativo que recaia sobre os negros.

O completo desamparo a que foi submetido o ex-escravizado foi o eixo central da formação da nova estrutura social brasileira. O negro é lançado no mercado de trabalho completamente despreparado, pois ele não fazia a mínima ideia acerca do funcionamento da estrutura social competitiva de que agora fazia parte. Para os latifundiários, isso foi uma maravilha, uma vez que, agora, eles poderiam escolher entre o trabalho do negro liberto ou a mão de obra estrangeira que desembarcava no Brasil em grande quantidade, podendo, ainda, barganhar o valor a ser pago. Acostumados com as relações capitalistas e com suas condições de trabalho, o imigrante produzia mais que o escravizado e a um custo fixo total muito menor, o que agravou a situação do antigo escravizado. A descrição de Jessé Souza foi precisa:

> Como todo processo de escravidão pressupõe a animalização e humilhação do escravo e a destruição progressiva de sua humanidade, como o direito ao reconhecimento e à autoestima, a possibilidade de ter família, interesses próprios e planejar a própria vida, libertá-los sem ajuda equivale a uma condenação eterna (2017, p. 74-75).

Esse é o embrião do que o sociólogo brasileiro chamou de "ralé brasileira" (Souza, 2018). O escravizado, talhado como animal de carga, preparado para o trabalho braçal, agora liberto, sem oportunidades concretas de competir por um lugar digno na nova estrutura social, se voltava para a vadiagem e a criminalidade eventual. Constitui-se, assim, o desenho de uma sociedade desigual e seletiva, em que se reproduz a exploração da classe degradada.

Nesse mesmo contexto, na segunda metade do século XIX, as ciências biológicas e as teorias deterministas dominavam o discurso acadêmico e legitimavam uma visão positivista que estabelecia um reducionismo biologista racista de naturalização das desigualdades sociais. Mas agora, essa visão se fundava em critérios biológicos, era o chamado "darwinismo social", ou seja, pretendia-se estabelecer uma classificação da "humanidade em raças, atribuindo-lhes distintas capacidades físicas, intelectuais e morais. Segundo tais modelos científicos, os homens brancos e ocidentais ocupariam o topo da pirâmide social, enquanto os demais seriam considerados inferiores e com potencialidades menores" (Schwarcz, 2019, p. 30).

O novo "apartheid racial", antes estabelecido pelo sistema escravocrata, agora é legitimado pela biologia. A igualdade trazida pela ilustração liberal do século XVIII em nosso país não passava de uma falácia, uma vez que o negro poderia ser considerado livre, mas jamais seria considerado igual aos brancos. Essa estrutura de poder que perpetua a dominação por meio da raça se estende até os dias de hoje.

A sociedade brasileira, ao estabelecer a raça — hoje também associada à classe — como principal marcador social da diferença, criando estereótipos e produzindo desigualdade e violência, fomenta uma ruptura política e social na qual, de um lado, estão as elites, representando o mandonismo e autoritarismo e, do outro, a massa humilhada e desprezada. No universo dessa lógica, o menor sinal de crescimento da igualdade social que esse novo ator possa conquistar gera um desconforto brutal naqueles que detêm o controle do campo político-social, surgindo o discurso que rotula o "outro" como desmerecedor dessa condição, negando-lhe a cidadania pretendida, em virtude da "marca" que carrega.

Existem vários marcadores sociais que alinhados criam uma hierarquia social determinante para a inclusão social e, consequentemente, para o acesso aos serviços de saúde, educação, transporte, ao emprego, à moradia etc. Basta uma simples consulta a qualquer pesquisa de utilização desses serviços pela população para descobrir que grupos afro-brasileiros pobres têm avaliação negativa no conjunto desses marcadores e, assim, menos inclusão social. Nos dias atuais, dependendo do resultado da interseção desse conjunto de marcadores sociais da diferença, como raça, pobreza, gênero, local de origem, dentre outros, a pessoa fará parte de uma classe explorada e humilhada, que antes era simbolizada pela "raça condenada" e agora se tornou a "classe condenada" ou, como visto, a "ralé brasileira". Conclui Jessé Souza: "nada muito diferente de nossos dias nesse particular. O ódio ao pobre hoje em dia é a continuação do ódio devotado ao escravo de antes" (2017, p. 67).

A "ralé brasileira" é um fenômeno decorrente do abandono dos ex-escravizados, entretanto, não exclusivamente, sendo essa classe também fruto do amálgama com outras circunstâncias que evidenciam preconceito, discriminação e exclusão.

Alguns poderiam argumentar no sentido de que, atualmente, não haveria mais espaço para a defesa da existência de uma discriminação por meio da raça, tendo em vista o desuso das teorias raciais e a perda de credibilidade da inferioridade biológica da raça. Entretanto, quando nos voltamos para nossa realidade social, verificamos que essa proposição está longe de ser verdadeira. O racismo está estruturalmente presente na sociedade brasileira atual, pois, tendo sido construída a partir da lógica de funcionamento do latifúndio e da escravidão, tem a desigualdade como elemento central, em que poucos exercem o domínio e a maioria sofre com a carência absoluta. A ideia de "raça social" produzida culturalmente é o que sustenta a atual discriminação que faz com que negros sofram mais violências de todos os tipos e tenham menos acesso aos direitos básicos.

Portanto, não basta mudar formalmente o sistema político, social e econômico, se não houver alteração da racionalidade que organiza toda a sociedade. A desigualdade continuará tendo cor em nosso país. Em outras palavras, "essas são histórias 'persistentes', que não terminam com a mera troca de regimes; elas ficam encravadas nas práticas, costumes e crenças sociais, produzindo novas formas de racismo e de estratificação" (Schwarcz. 2019, p. 32).

A perpetuação da desigualdade — de várias faces — é uma herança de nosso passado escravocrata e constitui uma ferida que ainda não cicatrizou e precisa ser enfrentada urgentemente, se temos a pretensão de ser um verdadeiro Estado democrático.

Hoje, a partir da pluralidade de marcadores sociais da diferença, embora a raça seja ainda considerada um eixo central da clivagem social, houve uma ampliação da categoria de não pessoa, antes centrada na figura do negro. A categoria que chamamos de supérfluos utiliza e estende o modelo de dualidade ontológica inaugurada em nosso país pelo latifúndio escravagista, alcançando outros indivíduos que compõem um grupo de indesejados, que não tem utilidade na atual sociedade do consumo. A união da desigualdade econômica e social com a desigualdade racial produz a definição política daqueles que se enquadram nesse grupo. Jessé Souza, com precisão, pontuou essa nova formação no Brasil, sendo relevante a transcrição:

> Assim, entre as classes sociais que formaram o Brasil moderno, foi a "ralé dos novos escravos", que soma ainda hoje em dia mais de um terço da população, agora de todas as cores de pele, mas, herdando o desprezo social de todos que era devotado ao escravo negro, o elemento mais importante para singularizar o Brasil. Essa classe vai construir um acordo de classes nunca explicitado entre nós. Na base desse acordo está a existência dos "sub-humanos" em relação aos quais todas as classes podem se diferenciar positivamente. O Brasil passou de um mercado de trabalho escravocrata para formalmente livre, mas manteve todas as virtualidades do escravismo na nova situação (2017, p. 102).

Entendida a origem da dualidade ontológica que marca nossa sociedade, devemos examinar se a utilização do aparelho punitivo nos dias atuais também é orientada em razão da reprodução da mesma dinâmica. E, como veremos, a resposta é positiva. O mito da democracia racial não passou de uma tentativa de negar a realidade de subjugação e exploração do período colonial, que era mantida por meio de um rígido e cruel código de castigos. A escravidão perpetuou uma sociedade autoritária, violenta e desigual que utiliza a repressão e a punição para conter e tornar invisível o grupo de indesejados que se torne uma ameaça. Um bom exemplo dessa violência nos traz Nilo Batista, ao analisar a obra de Machado de

Assis, *Memórias póstumas de Brás Cuba*, descrevendo a existência de um lugar destinado à punição e à prisão de escravizados recapturados, chamado de Calabouço. Tendo por fonte o livro-razão que registrava as "internações disciplinares", menciona o autor: "os proprietários pagavam 160 réis por cem chicotadas e mais 40 réis por dia de (péssima) alimentação e permanência. Em 1826, foram açoitados 1.786 escravizados, dos quais 262 eram mulheres. A história do Calabouço nos permite comprovar que no regime escravista o poder punitivo é compartilhado pelo senhor e pelo Estado" (Batista, 2018, p. 81). Essas marcas deixadas pelo colonialismo europeu, conforme Boaventura de Souza Santos, "são ainda hoje visíveis tanto no sistema jurídico como no sistema judicial" (2011, p. 23).

O medo de uma revolta dos explorados sempre afligiu os donos de terra — sentimento que perdura até os dias atuais. Essa latente possibilidade se converteu no discurso de que o negro, violento e selvagem, colocava em risco a ordem e devia ser visto como inimigo. Uma pergunta que não se pode omitir é: qual ordem? A ordem conveniente e estabelecida pelos escravistas, ou seja, o respeito incondicional à propriedade e à segurança deles e de seus familiares. A transformação do negro em inimigo, assemelhando-o à figura do animal selvagem, proporciona sua desumanização e legitima a repressão cruel por seus opressores, evitando com que as pessoas se sensibilizem por esse sofrimento. Quanto mais "outro" é o outro, mais fácil se torna seu extermínio.

Esse é o berço da violência policial crônica, que oprime diariamente a parcela mais pobre de nossa população. A morte de negros e de pobres, desde o período colonial, não causa espanto nem comove a sociedade. Chacinas em presídios e favelas são aplaudidas em nosso país. Conforme relata Lilia Schwarcz, no ano de 2012

> um pouco mais de 56 mil pessoas foram assassinadas no Brasil, desse total 30 mil eram jovens entre quinze e 29 anos, e desses, 77% eram negros. [...] No conflito da Síria, que abate o país desde 2011, foram 60 mil mortos por ano; na Guerra do Iêmen, que se iniciou em 2015, contabilizam-se

> cerca de 25 mil homicídios anuais; no Afeganistão, onde os conflitos começaram em 1978, a média é de 50 mil por ano" (2019, p. 33-34).

Analisando esses dados, a autora conclui que a ordem de grandeza desses números "autoriza falar num 'genocídio' de jovens negros" (ibid., p. 33-34).

Embora o negro seja a forma mais visível da classe dos excluídos, hoje, os preconceitos racial e de classe se fundiram formando uma grande categoria de excluídos, uma população fragilizada, indefesa e com o rótulo de perigosa. Assim, o "inimigo perigoso" é perseguido e oprimido diariamente pelo aparato policial, que representa a política pública fundada na lógica do latifúndio e legitimada pela vontade das classes média e alta de limpar o "lixo humano" dos centros urbanos.

São incalculáveis o sofrimento e a humilhação causados ao excluído que é submetido a essa sufocante opressão cotidiana e infernal, que traz ainda como consequência a perda de sua dignidade e de qualquer esperança de resistência. Uma estratégia semelhante também era utilizada na escravidão, na qual valiam-se os senhores de terra da "tortura física e psíquica cotidiana como único meio de dobrar a resistência do escravizado a abdicar da própria vontade" (Souza, 2017, p. 83). Esse cenário foi magistralmente demonstrado no filme *Two Distants Strangers*, escrito por Travon Free e vencedor do Oscar em 2020 na categoria de melhor curta-metragem em *live action*. O filme aborda a insuportável saga de um jovem negro que vive preso em um *loop* de tempo, em que é confrontado, humilhado e morto por um oficial branco da polícia de Nova Iorque. A película transmite com precisão o desespero, a agonia, a sensação de impotência, o sofrimento e as consequências do racismo enraizado em nossa sociedade.

O espaço desumanizado da colônia é reproduzido, hoje em dia, por meio da atuação do Estado como uma máquina de guerra voltada contra seu próprio povo. Nesse contexto de guerra interna permanente, a efetivação da governamentalidade da população supérflua ocorre pela militarização da paz, com o objetivo de se alcançar "segurança", que, além da morte, traz a prisão como tecnologia de gestão social, que remove e torna invisível o excedente. Portanto, a prisão é a tecnologia biopolítica que higieniza penalizando a própria existência do supérfluo.

Antes de examinar a evidência de que o encarceramento em massa segue a racionalidade estabelecida no latifúndio escravagista, temos que pontuar duas questões relacionadas à superlotação das prisões, que transversalmente toca na própria função do cárcere.

Em primeiro lugar, apesar do insistente discurso político da necessidade premente do encarceramento como única forma de combater o elevado índice da criminalidade, a utilização do sistema prisional, com a lotação das prisões, tem menos relação com a diminuição da prática de crime em si do que com uma política de segregação e contenção do indivíduo. Desde a sua criação, com a queda do feudalismo e surgimento das indústrias e consolidação do capitalismo, o encarceramento foi instrumento de exclusão e disciplinamento, utilizado por aquele que detém o poder político. Hoje, embora o objetivo seja a pura contenção, e não mais o disciplinamento, o fato é que também não guarda relação com o decréscimo das estatísticas relacionadas às infrações penais.

Em segundo lugar, como bem pontuado por Michelle Alexander, o sistema penal é um sistema de controle social que incide não apenas quando, efetivamente, trancafia o sujeito atrás das grades, mas também quando, por meio da etiqueta de ex-presidiário, estigmatiza o indivíduo para o resto de sua vida. Ele ainda continua cercado por muros invisíveis que o manterão sempre numa situação de inferioridade que limitará sua existência. Escreve a autora:

> O encarceramento em massa é o que tranca pessoas não apenas atrás de grades de verdade em prisões de verdade, mas também atrás de grades e muros virtuais — muros que são invisíveis a olho nu, mas que funcionam de modo quase tão efetivo como as leis do Jim Crow funcionavam ao submeter

> permanentemente pessoas não brancas a uma cidadania de segunda classe. A expressão "encarceramento em massa" se refere não apenas ao sistema de justiça criminal, mas também a uma teia maior de leis, regras, políticas e costumes que controla aqueles rotulados como criminosos dentro e fora da prisão. Uma vez libertos, os ex-presidiários entram em um submundo oculto de discriminação legalizada e de exclusão social permanente (Alexander, 2017, p. 50-51).

O sistema prisional hoje reproduz a senzala de outrora. Chegamos a essa constatação com uma simples observação do contingente populacional que ocupa as prisões. Veremos detalhadamente a seguir que a cadeia brasileira é composta em sua esmagadora maioria por negros e pobres, sendo grande parte deles encarcerado pela suposta prática de crimes contra o patrimônio. Digo "suposta" porque cerca de 40% se encontram presos sem que haja uma sentença condenatória, ou seja, estão presos cautelarmente.

A discriminação racial reproduzida no sistema prisional não é exclusividade brasileira. Nos Estados Unidos, embora com características diversas, mas com o mesmo pano de fundo, o fenômeno da contenção seletiva fundada no preconceito racial também se repete. Como bem salientou Wacquant, "não só uma, mas várias 'instituições peculiares' agiram sucessivamente para definir, confinar e controlar os afro-americanos na história dos Estados Unidos" (2006, p.11). E são elas: a escravidão, o sistema Jim Crow, o gueto e o aparelho carcerário.

A cisão racial ocorrida no período da *plantation* por meio da escravidão, que durou até a Guerra Civil, deu origem ao fenômeno que se replicou, com diferente roupagem, nos períodos seguintes, culminando na utilização em grande escala do cárcere como forma segregação e controle. Conclui o sociólogo francês: "a escravidão e o encarceramento em massa estão genealogicamente ligados e não é possível entender este último [...] sem voltar à primeira como ponto de partida histórico e análogo funcional" (Wacquant, 2006, p. 12).

Olhando para nossos cárceres, parece que, lamentavelmente, as palavras "segregação hoje, segregação amanhã, segregação para sempre" (Davis, 2018, p. 24), proferidas pelo governador do Alabama com a intenção de impedir a realização da matrícula da jovem negra Autherine Lucy na universidade daquele mesmo Estado, ainda fazem eco em nossa sociedade. A clivagem racial legitimadora do sequestro e da escravização de populações africanas no processo de colonização do Brasil foi instaurada com a utilização de uma violência extrema e de um ciclo de punições que só tinham fim com a morte. Esse sistema estruturou nossa sociedade e constitui a racionalidade que ainda informa nosso dia a dia. A superpopulação carcerária nada mais é que o reflexo dessa triste realidade.

A biopolítica neoliberal quando desembarcou em terras brasileiras encontrou uma sociedade já ontologicamente cindida entre aqueles que são considerados sujeitos de direitos, pessoas, e aqueles outros que não se enquadram nesse conceito, sendo rebaixados à condição de coisa, portanto, descartáveis e indesejados, uma vez que o fim formal do latifúndio escravagista não implicou o desmantelamento dessa estrutura. Nas palavras de Boaventura de Souza Santos, "esta linha abissal, que produz exclusões radicais, longe de ter sido eliminada com o fim do colonialismo histórico, continua sob outras formas (neocolonialismo, racismo, xenofobia...)" (2013, p. 44).

Assim, a racionalidade neoliberal ampliou essa categoria dos supérfluos em razão das consequências da aplicação de sua lógica, instaurando o que alguns autores chamam de neorracismo (Branco, 2020, p. 47; Wieviorka, 2006, p. 165), bem como fomentou a criminalização e a utilização do cárcere como tecnologias de gerência e controle dessa multidão.

## A LEI E A ORDEM

Antes de passarmos ao exame concreto do incremento punitivo da legislação brasileira a partir da implementação da lógica neoliberal e, consequentemente, da modificação do quadro prisional, é necessário que se observe os discursos que legitimam tal postura, principalmente porque esses marcham na contramão da consolidação de um Estado materialmente democrático.

Wacquant, na primeira parte de seu livro *As prisões da miséria*, destina-se a rastrear "os processos e os caminhos pelos quais se estabelece a doxa punitiva neoliberal" (2011, p. 19) que surgiu nos Estados Unidos e invadiu a Europa. Intentamos desenvolver o mesmo mister realizado pelo sociológico francês, entretanto, teremos como objetivo não os EUA ou a Europa, mas o Brasil.

É preciso, antes de tudo, contextualizar a especial situação do nosso país após a década de 1980, não apenas no tocante à abertura para o neoliberalismo, mas, também, no que se refere à necessidade do controle democrático exercido pelas instituições políticas, com o objetivo de limitar o exercício da violência estatal e evitar a continuidade de políticas autoritárias. Nas palavras de Paulo Sérgio Pinheiro, "depois do final das ditaduras dos anos 1980, os novos regimes políticos se confrontaram com o desafio de exercer o monopólio da violência do Estado dentro de padrões de legalidade" (1991, p. 45).

Com a promulgação da Carta Magna em 1988, almejava-se, de uma vez por todas, enterrar o entulho autoritário fruto dos anos de ditadura militar. No entanto, hoje, passados mais de 30 anos, verificamos que essa transição não foi perfeita, pois não houve uma efetiva mudança de um estado para o outro. O avanço democrático em nosso país não teve a força suficiente para desarticular a estrutura autoritária que movimenta e fomenta a atividade do Estado brasileiro. É inegável, porém, que o fim formal da ditadura e a implementação, em tese, de um Estado democrático de direito abrem um espaço de resistência e luta contra os abusos e violações dos direitos fundamentais da população.

No campo da repressão penal, a falha dessa transição política em direção à democracia é gritante. O discurso da ação estatal democrática não se traduz em realidade. As políticas de segurança pública refletem um populismo punitivista que utiliza o dispositivo prisional e o aparelho judiciário-policial como meios de controle e exercício de poder[54]. Uma verdadeira "ditadura sobre os pobres" (Wacquant, 2011, p. 12).

Portanto, resta claro o legado autoritário nas instituições da política brasileira que exercem o domínio no campo punitivo. Um dos pilares da Doutrina de Segurança Nacional era a aplicação da lógica belicista, com a eleição de um inimigo. Essa mesma técnica é utilizada atualmente, quando a repressão punitiva, politizando a luta contra a criminalidade, elege um grupo de pessoas como o inimigo interno. A guerra contra o crime, como veremos, resume-se em combater as drogas e as agressões ao patrimônio, porque representa os crimes mais frequentemente praticados pelos indivíduos que se quer neutralizar.

A seletividade da punição é, indiscutivelmente, constatada por uma rápida análise da cartografia de nosso sistema prisional. Além dessa característica que não se curvou à transição política, percebemos que o estabelecimento da democracia não alterou material e qualitativamente a vida dentro das nossas prisões. Após mais de dez anos exercendo a função de juiz na Vara de Execuções Penais do Estado do Rio de Janeiro, pude constatar, *in loco*, que nossos estabelecimentos prisionais em nada deixam a desejar às masmorras medievais. Löic Wacquant, ao combater essa técnica

---

54 Sobre essa questão, escreve Paulo Sérgio Pinheiro, de forma precisa e enfática: "os governos civis que saem da transição política, terminada a etapa da mobilização da dissidência e da crítica da ditadura, têm uma enorme dificuldade em transformar o discurso da lei que assegura a normalização e o controle. A prisão e todas as 'tecnologias políticas' do exercício de poder não são afetadas. [...] falar em transição nesse domínio é quase impossível, porque as mudanças aqui são muito mais lentas do que a temporalidade das alterações formais-jurídicas dos regimes políticos e das instituições. Em vez de transições, temos uma extraordinária continuidade" (1991, p. 46-47).

de utilização da prisão para conter a escalada da miséria e dos problemas urbanos nacionais, pontua que as péssimas condições do sistema carcerário, por si só, já demonstram a falta de qualquer função na aplicação da pena. Para o sociólogo francês, outro ponto que milita contra o encarceramento no Brasil é

> o estado apavorante das prisões do país, que se parecem mais com campos de concentração para pobres, ou com empresas públicas de depósito industrial dos dejetos sociais, do que com instituições judiciárias servindo para alguma função penalógica (2011, p. 13).

Outro aspecto já característico do cenário nacional na implementação da gestão neoliberal, a partir da redemocratização, é a prática de um controle social militarizado e verticalizado desenvolvida pela máquina penal, igualmente fruto do período autoritário.

A pretexto de individualizar os causadores dos distúrbios que oferecem risco à "ordem" social estabelecida, o discurso jurídico-penal legitima que órgãos do sistema penal exerçam um poder de estigmatização e controle das liberdades individuais. As comunidades que concentram a população explorada e precarizada são alvos prioritários das incursões policiais, que inspecionam, controlam, realizam buscas e cerceiam temporariamente a liberdade dos indivíduos — isso tudo ao arrepio das garantias constitucionais estampadas em nossa Constituição Federal.

O poder repressivo, já insistia Foucault, não é só uma força negativa, ao contrário, desempenha uma atividade criadora de subjetividade. O poder punitivo reconfigura o excluído por meio de um processo de repetição de abusos e acusações, que vão inculcando no sujeito o pensamento de que ele, de fato, representa tal ameaça.

A repetição constante de uma ação repressiva e constrangedora, que se impõe de cima para baixo, legitimada apenas pela presença de características pessoais dos que compõem esse grupo, elimina a liberdade e a tranquilidade daquele que é alvo de tal prática, podando sua capacidade de crescimento e transformando seu inconsciente, uma vez que normaliza em seu interior (inconsciente) o comportamento ditado pelo repressor.

O poder repressivo exercido pelo aparelho estatal não se percebe quando um homicida é condenado pelo seu ato, mas, sim, quando todo dia um jovem negro e pobre, ao voltar para sua casa, é abordado por policiais em razão de sua "atitude suspeita"[55].

Uma última circunstância que marcava (e continua marcando, agora de modo mais agudo) o cenário brasileiro, e merece destaque, é a gritante desigualdade socioeconômica que já existia no país, mesmo antes da consagração das políticas neoliberais desembarcarem por aqui.

Assim, a situação que já se mostrava muito complexa, devido à pobreza da população, com a concentração de renda exacerbada e a falta de amparo estatal — já que não havia um Estado-providência que prestasse assistência aos necessitados —, agravou-se muito. Como visto, a globalização neoliberal traz consigo a potencialização da desigualdade e o aumento da ruptura entre uma imensa multidão de miseráveis e uma minoria de milionários, esfacelando, também, a classe média, que passa a compor o grupo dos desprovidos[56].

Realizadas as considerações necessárias para a melhor compreensão de todo o fenômeno que se deu em nosso país, passamos, neste momento, ao recorte temporal objeto deste estudo e às transformações ocorridas nos contextos político, social e econômico, que proporcionaram o discurso de endurecimento das ações penais, seja no aspecto da legislação, seja no tocante à aplicação de práticas com enfoque punitivista.

---

55 Nesse sentido, Eugenio Raúl Zaffaroni pontua que "em síntese, e levando-se em conta a programação legal, deve-se concluir que o poder configurador ou positivo do sistema penal (o que cumpre a função de disciplinarismo verticalizante) é exercido à margem da legalidade, de forma arbitrariamente seletiva, porque a própria lei assim o planifica e porque o órgão legislativo deixa fora do discurso jurídico-penal amplíssimos âmbitos de controle social punitivo" (2015, p. 25).

56 "Além do desemprego tradicional, em que muitos são simplesmente passados para trás mesmo com a economia crescendo, as democracias da América Latina precisam lidar com os problemas do 'novo pobre' fruto da competição tecnológica e da globalização crescente" (Pinheiro, 1999, p. 43-52).

A partir de 1990, o neoliberalismo firma-se no Brasil, passando a gerir o Estado com as características próprias dessa racionalidade e de acordo com a lógica exaustivamente exposta nos capítulos anteriores. Como é cediço, a política capitalista, mormente o capitalismo financeiro da modernidade tardia, funda-se em três pilares centrais: a lógica do capital; a política externa fulcrada no imperialismo; e, por fim, a existência de um Estado policial com um poder punitivo hipertrofiado.

Portanto, a legitimidade do incremento punitivo, decorrente da necessidade de utilização da prisão como dispositivo controlador e neutralizador, surge com o discurso baseado em argumentos de "lei e ordem" importados do modelo estadunidense. Neste momento, passamos a analisar o processo de estabelecimento da doxa punitiva neoliberal no Brasil, para, posteriormente, examinarmos, de forma analítica e empírica, as consequências da aplicação dessa política para a sociedade, em especial para os indesejados.

O desmonte do *Welfare State* americano acarretou um novo incômodo decorrente da sensação de insegurança produzida pelo aumento da "poluição" urbana, composta por pedintes, sem-teto, praticantes de pequenos crimes patrimoniais e usuários de droga, frutos do desamparo estatal. Essa situação — associada à perda de fé na política carcerária de reabilitação dos internos que predominou durante os "anos dourados" do pós-guerra — faz nascer um discurso fundado na necessidade do recrudescimento das medidas penais e na gramática da guerra, com o incremento do poder punitivo direcionado, basicamente, para atingir esse grupo de pessoas. Acadêmicos de tradição da criminologia conservadora afirmam a impossibilidade de recuperação do desviado e, ao mesmo tempo, sustentam a necessidade de uma ação enérgica e neutralizadora daqueles que praticam pequenas infrações. Essa narrativa de "lei e ordem" dá origem ao programa nova-iorquino *Zero Tolerance*.

O programa Tolerância Zero, implementado como eixo central da política de segurança conduzida pelo prefeito Rudolph Giuliani em Nova Iorque, transformou-se em algo parecido com um símbolo mundial de combate ao crime. Após o desmantelamento das políticas keynesianas por Ronald Reagan, houve a sedimentação de um discurso político, eleitoreiro e midiático, sustentado por criminólogos conservadores que propagavam o aumento do aparelho penal (policial e judicial) com o endurecimento das punições. Na prática, o que se viu foi um encarceramento de "mendigos", que relembrou o grande internamento de pobres, vagabundos, prostitutas e ladrões que se deu em Paris, em 1676, ao argumento de que o brilho da pobreza e do declínio moral deveria ser ofuscado pelo poder repressor europeu.

Foi justamente a contaminação do ambiente urbano de Nova Iorque que impulsionou a higienização por meio da criminalização do "parasita" que contaminava o corpo social. Era preciso "limpar" (no sentido mais forte do termo para os difusores dessa política) a cidade.

Esse novo *éthos* punitivo (programa Tolerância Zero), em larga escala, era fulcrado em duas teorias centrais, *Broken Windows Theory* e *Three strikes you are out*, que funcionavam como alicerce teórico para legitimar as ações que visavam reprimir os "distúrbios" provocados pelos delinquentes contumazes.

O *Manhattan Institute*, "consagrado como a primeira 'fábrica de ideias' da nova direita americana federada em torno do tríptico mercado livre/responsabilidade individual/valores patriarcais" (Wacquant, 2011, p. 32-33), e o grupo neoconservador *Think Tanks* foram, em grande medida, propagadores da Teoria das Janelas Quebradas, publicada em 1982 na revista *Atlantic Monthly*. Seus autores são James Q. Wilson e George Kelling, que, partindo do ditado popular "quem rouba um ovo rouba um boi", elaboram um raciocínio no sentido de que a luta contra a criminalidade, na realidade, consiste no combate e na punição às pequenas violações que causam desordem social[57]. O simbolismo da "janela quebrada"

---

[57] "O resultado seria um sentimento geral de decadência e desamparo em que a desordem social encontraria o terreno fértil para enraizar-se e gerar seus frutos maléficos. Ou seja, a violência urbana e os crimes graves seriam o último elo de uma cadeia causal em que pequenas infrações levam às formas mais graves, as quais resultariam da leniência ou condescendência dos órgãos de segurança do Estado." Esse seria o fundamento da Teoria das Janelas Quebradas para seus difusores, afirma Benoni Belli (2004, p. 64).

corresponde à seguinte imagem: se a janela foi quebrada e não houve o devido reparo, as pessoas que praticaram essa conduta entenderão que ninguém se importa e continuarão praticando tal ato.

Em continuidade com o propósito de "limpeza", a teoria *Three strikes you are out*, fazendo uma analogia ao jogo de beisebol, estabelece a aplicação de pena de 30 anos — ou, até mesmo, prisão perpétua — para quem for condenado pela prática de alguma infração penal por três vezes, ainda que essas práticas sejam de pequeno potencial ofensivo.

A consequência dessa política foi, literalmente, o sequestro dos mendigos que povoavam o metrô da cidade, dos sem-teto que lavavam para-brisas no sinal de trânsito, dos pedintes que ocupavam os parques públicos, em suma, dos miseráveis (em sua maioria, negros) que perambulavam pela metrópole. As vítimas foram encaminhadas para o "cativeiro" e, finalmente, invisibilizadas.

O início da operação de "limpeza" foi bem-visto pela imprensa, que noticiava o avanço da segurança e a contenção do risco. Esse fato gera o início de uma cobrança incessante por cada vez mais eficácia na execução da medida, o que, no final das contas, transforma o Estado numa máquina de criminalizar e neutralizar. Além disso, a mídia desempenhava um outro papel fundamental nesse discurso: ela direcionava seus holofotes para o crime, gerando um imaginário coletivo amedrontado, e, em seguida, apontava para aquele que encarnava essa ameaça, que devia, portanto, ser combatido[58].

Por trás da exaltação midiática da eficiência do plano de segurança implementado pelo prefeito Giuliani, esconde-se uma ação discriminatória causadora de sérios efeitos colaterais no convívio social, dos quais um dos principais é a cisão da população entre os

---

58 Insiste Vera Regina Pereira Andrade que "a mídia encarrega-se de encenar, entre o misto do drama e do espetáculo, uma sociedade comandada pelo banditismo da criminalidade, e de construir um imaginário social amedrontado. À mídia incumbe acender os holofotes, seletivamente, sobre a expansão da criminalidade e firmar o jargão da necessidade de segurança pública como senso mais comum do nosso tempo" (2016, p. 40).

jovens negros e pobres e os nova-iorquinos brancos que apoiam as medidas de endurecimento policial[59], relembrando os tristes tempos segregacionistas da história estadunidense. Entretanto, essas mazelas são superadas pelo discurso da cruzada destemida contra a criminalidade, que consola o medo da população e serve de capital eleitoral e populista para políticos oportunistas.

Por fim, impõe-se registrar que o programa Tolerância Zero é mais que uma tática de intervenção policial. Com efeito, trata-se de uma narrativa que utiliza o medo para legitimar, de forma demagógica, a aplicação do aparato de segurança na solução de demandas que, na essência, são de natureza social.

Esse vocabulário populista de guerra e reconquista territorial atravessou o Atlântico, chegou em solo europeu e, depois, globalizou-se. Na Europa, o jovem negro e pobre que constitui o alvo estadunidense é substituído por outro "rosto", o inimigo da fortaleza Europa é o imigrante "delinquente".

Como já previsto, a política de intolerância chega ao Brasil com uma força descomunal. A partir da década de 1990, políticos brasileiros vão até os Estados Unidos para compreender como se deu o "milagre" do plano de "qualidade de vida" (é esse o nome dado pelos

---

59 "Uma das consequências mais importantes da 'tolerância zero', tal como é praticada no cotidiano — em vez da teorizada pelos 'pensadores' dos *think tanks* e por seus discípulos nos domínios universitário e político —, é ter cavado um poço de desconfiança (e, para os mais jovens, de desafio) entre a comunidade afro-americana e as forças de ordem, o que lembra as relações que mantinham na era segregacionista. Uma pesquisa recente revela que a esmagadora maioria dos negros da cidade de Nova York considera a polícia uma força hostil e violenta que representa para eles um perigo: 72% julgam que os policiais fazem uso abusivo da força e 66% que suas brutalidades para com pessoas de cor são comuns e habituais (contra apenas 33% e 24% dos brancos). [...] Já os nova-iorquinos brancos são respectivamente 50% e 87% a declarar o contrário: elogiam a prefeitura por sua intolerância com respeito ao crime e sentem-se unanimemente menos ameaçados em sua cidade. A 'tolerância zero' apresenta portanto duas fisionomias diametralmente opostas, segundo se é o alvo (negro) ou o beneficiário (branco), isto é, de acordo com o lado onde se encontra essa barreira de casta que a ascensão do Estado penal americano tem como efeito — ou função — restabelecer e radicalizar" (Wacquant, 2011, p. 44-45).

difusores do programa *Zero Tolerance*) que elevou Nova Iorque ao patamar de uma cidade segura e eficaz no combate ao crime.

Os palanques eleitorais refletem a enorme aceitação do discurso repressivo americano no país, sendo muito frequente a utilização dos padrões de "lei e ordem" como plataforma de governo.

Os políticos brasileiros perceberam que as características estruturais e os fins propostos pelo programa Tolerância Zero amoldavam-se melhor do que eles imaginavam à situação do Brasil. As questões oriundas de carência e falta de assistência social, que se transformam em violência (mesmo que simbólica) urbana e em um problema policial, sempre configuraram a realidade do país. Assim, a implementação desse programa neoliberal não implicou uma total inovação da nossa política criminal, mas um aprimoramento e uma alavancada nas práticas próprias de um Estado policial.

A consequência de adoção desse discurso no contexto nacional agravou a dinâmica de controle dos excluídos por meio das ações policiais, aumentando o número de confrontos armados e alcançando, como resultado, uma quantidade de vítimas só comparada a hipóteses de guerra. Além do incremento do controle e da lesividade, esse discurso transformou a dinâmica do sistema penitenciário — em primeiro lugar, retirando qualquer objetivo de ressocialização da pena e utilizando a prisão somente como forma de depósito; e, em segundo, causando um aumento catastrófico no número de pessoas encarceradas.

Neste momento, mostra-se importante uma pequena lembrança de toda a construção realizada até aqui para, em seguida, ingressamos no cerne de nossa investigação.

Desenvolvemos um raciocínio com o escopo de explicar os motivos e os fatores estruturais (sociais, políticos e econômicos) que proporcionaram a substituição do previdenciarismo pela doxa punitiva que endureceu o controle penal, transformou o cárcere em armazém de pessoas e causou uma explosão na população carcerária. Partimos do desmantelamento do Estado de bem-estar social, em virtude do avanço da racionalidade neoliberal que se iniciou na última quadra do século XX e trouxe uma nova configuração da subjetividade. Isso gera uma fissura entre os que são considerados "pessoas" e aqueles que caem à condição de "coisa", supérfluos para a nova configuração social — devendo, assim, ser separados, inviabilizados e contidos. A função de neutralização dos supérfluos legitimou o discurso neoliberal de hipertrofia do aparelho punitivo estatal, com o braço penal do Estado sendo usado, simplesmente, para controlar os párias da sociedade.

Visto isso, podemos passar ao exame do eixo central deste estudo, que consiste em investigar os resultados da implementação da doxa punitiva neoliberal no Brasil com o estabelecimento do discurso de "lei e ordem" que se deu com a redemocratização.

## HIPERTROFIA DA LEGISLAÇÃO PENAL BRASILEIRA

Como já vimos, a implantação da gestão neoliberal no Brasil ocorre a partir da década de 1990 — não por acaso, no mesmo período —, e é gritante a modificação da narrativa penal e suas consequências em nossa sociedade. Percebemos as técnicas de gestão da esfera privada sendo aplicadas em aparelhos estatais[60], o crescimento desmedido da produção de leis criminalizantes que agravam o cumprimento da pena e incrementam os instrumentos investigatórios e, por fim, notamos o ponto da virada na direção do hiperencarceramento.

Esse movimento concomitante, ou seja, o governo neoliberal e a exacerbação do controle e da punição, não acontece em razão de mera coincidência. Na verdade, o aumento do controle da população precarizada em decorrência do incremento do aparelho punitivo (policial-judiciário-penitenciário) é um dos eixos centrais de tal política.

---

60 "O Tribunal de Justiça do Estado do Rio de Janeiro, por exemplo, estampa em seu site na internet que uma das tarefas da Diretoria Geral de Desenvolvimento Institucional (criada em 2004, através da Res nº 19, de 22 dez. 04) é a construção do sistema integrado de gestão através da metodologia preconizada pela norma NBR ISSO 9001:2001. Dá-se o mesmo com a Polícia Civil, que premia suas unidades policiais de acordo com o atendimento das diretrizes do Sistema de Avaliação da Gestão Pública" (Garland, 2017, p. 23).

Neste tópico, pretendemos demonstrar a "coincidência" no tocante ao inflacionamento da legislação penal mais gravosa no recorte temporal já mencionado. Constatamos, de forma lamentável, que a consequência do aumento da criminalização devido à narrativa da intolerância distende ainda mais o sistema carcerário nacional, que há muito luta para evitar a explosão e a ruptura fatais.

Não são escassos os exemplos de atividade legislativa pós-redemocratização brasileira que se alinham aos ideais de "lei e ordem". E não nos referimos apenas à criação de tipos penais incriminadores ou mesmo ao aumento de pena de tipos penais já existentes, mas, também, à hipótese de criação legislativa que inove no campo do processo penal e da investigação policial, restringindo garantias oriundas do devido processo legal e da ampla defesa, bem como de criação de uma legislação que agrave o modo de cumprimento de pena.

Nessa mesma linha de pensamento, escrevem Salo de Carvalho e Mariana Weigert que "a atividade legislativa da década de 1990 do Brasil, potencializada em parte pelo conjunto de normas constitucionais pragmáticas, ampliou as hipóteses de criminalização primária e enrijeceu o modo de execuções das penas" (2017, p. 189). O padrão de gestão punitiva neoliberal vai se reproduzindo ao passo que essa racionalidade alcança novos países. Vimos esse fenômeno, inicialmente, nos Estados Unidos; depois, na França, como pontua Löic Wacquant, com a *Lei Perben 2*[61]; e, agora, no Brasil. Inexoravelmente, há um padrão, com os mesmos métodos e objetivos.

---

[61] No tocante à replicação das diretrizes penais estadunidenses na França, afirma Wacquant: "Seduzida pelos 'mitos científicos' que a revestem de garbo racional, a França aderiu ao 'consenso de Washington' em matéria de luta contra o crime, a ponto de conhecer hoje um pico de inflação carcerária comparável ao registrado nos Estados Unidos 20 anos atrás, no ápice de seu *boom* correcional. Aliás, basta examinar as principais disposições da lei conhecida como *Perben* 2 sobre criminalidade, promulgada pelo parlamento francês na primavera de 2004, para detectar a clara e deletéria influência do modelo estadunidense fundado na intensificação da atividade policial, na escalada de repressão judiciária, na relação do decoro profissional, na subserviência das autoridades penais aos modismos das políticas e na ampliação da abrangência do encarceramento" (2015b, p. 51).

Do vasto caleidoscópio legislativo que reflete a adoção da narrativa punitivista, selecionamos somente algumas hipóteses para a demonstração do alegado fenômeno. Registre-se que a seleção legislativa examinada abarcará situações que tratam das matérias penal, processual penal e de execução da pena.

Começaremos pela Lei de Crimes Hediondos (Lei nº 8.072/90), talvez o ícone simbólico que instaura, definitivamente, a tendência punitivista na legislação pátria. Esse diploma legal surge com o desiderato de regulamentar o inciso XLIII do artigo 5º da Constituição Federal, definindo quais crimes podem ser considerados de natureza hedionda e pontuando severas consequências para quem os praticar.

Além do aumento da pena de crimes com natureza hedionda, a lei trouxe alterações gravosas tanto no âmbito processual como na esfera da execução penal. No aspecto processual, verificamos um incremento da prisão cautelar (prisão processual em que não há condenação definitiva), na medida em que traz uma vedação à concessão de fiança e de liberdade provisória. A prisão cautelar é um dos maiores problemas de nosso sistema prisional, uma vez que cerca de 40% (como veremos a seguir) dos que ali se encontram são presos nessa modalidade e, consequentemente, estão nessa condição sem uma certeza do juízo de culpa. Em se tratando de matéria pertinente à execução penal, a Lei de Crimes Hediondos consagrou a proibição de progressão de regime[62], que não mais vigora, em razão de sua flagrante inconstitucionalidade. No entanto, tal possibilidade (progressão de regime) só pode ocorrer quando o apenado alcançar um prazo maior do cumprimento de sua pena. O mesmo se dá com relação ao livramento condicional, que teve o prazo aumentado para fins de concessão. Além disso, os crimes dispostos na lei não são suscetíveis de graça, anistia e indulto, assim como não são alcançados pela comutação da pena.

---

[62] Embora flagrantemente inconstitucional, a desinstitucionalização progressiva só foi assim declarada após 16 anos de sua vigência, por meio do julgamento do HC 82.959 pelo Plano do STF, por maioria de votos. Foi alterado, em seguida, o dispositivo que previa tal restrição (pela Lei nº 11.464/07).

Diversas outras leis também trazem em seu bojo previsões que aumentam os casos de manutenção de prisão com natureza cautelar. Essa restruturação dá-se, fundamentalmente, pela previsão da inafiançabilidade e pela proibição de concessão da liberdade provisória, existente em várias leis, como a Lei nº 7.716/89, a Lei nº 9.034/95 e a Lei nº 9.455/97, além da já citada Lei nº 8.072/90. Outro aspecto merecedor de destaque é o que dispõe a Lei nº 7.960/89, que trata da prisão temporária (uma espécie do gênero prisão cautelar). Como é cediço, a decretação da prisão cautelar de qualquer pessoa deve ser realizada em casos extremos e, absolutamente, fundamentada em fatos que evidenciem a necessidade da utilização desse instrumento coercitivo como única possibilidade de realização do direito. E, mesmo assim, somente com o preenchimento dos requisitos taxativos previstos em lei. Entretanto, não é isso que se nota na lei que regulamenta a prisão temporária. Aqui, surpreendentemente — e em completa sintonia com o viés punitivista destacado —, primeiro realiza-se a prisão da pessoa para, só depois, investigá-la. Isso porque a prisão temporária é utilizada na fase inquisitorial, a fim de facilitar a investigação da autoridade policial.

A próxima lei que traremos à baila retrata de forma precisa a transformação da prisão em um depósito, segundo o que estamos sustentando. A Lei nº 10.712/03 regulamenta o Regime Disciplinar Diferenciado e altera a Lei de Execuções Penais, que passa a autorizar a transferência de presos para esse novo regime. O Regime Disciplinar Diferenciado tem a natureza de sanção disciplinar, com duração máxima de 360 dias — a renovação desse prazo pode acontecer, ininterruptamente, até o limite de 1/6 da pena aplicada. O preso é mantido em isolamento por 22 horas ao dia, sendo autorizadas apenas duas horas diárias de banho de sol.

O que verificamos ao longo de muitos anos de atividade junto ao sistema penitenciário foi a criação legal de um confinamento humano, absolutamente isolado: um cubículo de concreto com chão e paredes na tonalidade cinza; com espaço para uma cama, uma pequena mesa e um sanitário (tudo de concreto); sem janelas;

e fechado por uma porta de metal que contém duas escotilhas (uma na altura dos olhos, para possibilitar que, eventualmente, o agente penitenciário observe o preso, e outra a uma altura de 20 centímetros do chão, por onde é entregue a comida).

A toda evidência, essa modalidade de prisão afronta de forma inexorável o princípio da dignidade da pessoa humana, previsto em nossa Constituição da República, no art. 1º, inciso III. Porém, a existência de um espaço totalmente degradante para a humanidade não afeta em nada a população, uma vez que, conduzida pela política do medo, ela legitima e incentiva práticas como essa.

Uma outra questão que merece destaque nesse instituto é a perfeita sintonia da natureza do rol das hipóteses que autorizam tal medida, com os preceitos de uma política criminal atuarial fundada na gestão do risco e da suposta periculosidade do sujeito, próprios de uma governamentalidade neoliberal. O Regime Disciplinar Diferenciado, de acordo com as inovações trazidas pela Lei nº 10.712/2003, "é aplicável a presos provisórios ou condenados, nas hipóteses (a) de *crime doloso* que determina *subversão da ordem* ou da *disciplina* interna, (b) de *alto risco* para a ordem e a segurança do estabelecimento penal ou da sociedade e (c) de *fundadas suspeitas* de envolvimento ou participação em organização criminosa, quadrilha ou bando" (Santos, 2017, p. 493). Portanto, a sanção disciplinar será aplicada com base na ocorrência da subversão da ordem (qual ordem?), no alto risco e em fundadas suspeitas, ou seja, com arrimo somente na periculosidade do sujeito, e não em um fato concreto violador da norma disciplinar.

Continuando nesse diapasão, deparamo-nos com a Lei nº 12.850/19, que define organização criminosa e dispõe sobre a investigação criminal, os meios de obtenção da prova, as infrações penais correlatas e o procedimento criminal. Aqui, o legislador, orientado pela doxa da punição, traz novas criminalizações, mas destacaremos apenas alguns pontos relativos à investigação e ao aspecto processual, para que não fiquemos repetitivos.

A pretexto de investigar e obter provas contra suposta organização criminosa, essa lei introduz instrumentos investigatórios e probatórios, tais como: a colaboração premiada (conhecida por delação premiada); a infiltração de agentes policiais; o afastamento dos sigilos financeiro, bancário e fiscal; e a interceptação telefônica.

Mais uma vez percebemos a sanha punitiva ao arrepio das garantias democráticas. Essa situação ainda se torna mais grave quando a autoridade pública, na busca de elementos de prova (como a delação de outros participantes em eventual prática criminosa), mantém a prisão cautelar de alguém ou lhe promete uma pena mais benevolente caso colabore.

Por fim, confirmando a modificação dos rumos da política criminal brasileira, em virtude da gerência neoliberal que persiste até os dias atuais, trazemos ao debate o Pacote Anticrime, a Lei nº 13.964/19, criada no atual governo do presidente Jair Bolsonaro.

Essa lei modifica diversos dispositivos do Código Penal, do Código Processual Penal e da Lei de Execuções Penais. Em todos os casos, agrava as penas e endurece o regime a ser aplicado aos indivíduos, mantendo-se na mesma esteira da legislação penal que ganha força no Brasil desde 1990. A Lei nº 13.964/19, além de tudo, carrega uma força simbólica muito grande, uma vez que alterou o limite máximo de 30 anos de cumprimento de pena no Brasil, que constituía um dos dois diques de contenção do aumento da população carcerária (a outra barreira é a manutenção do limite etário mínimo de 18 anos, que ainda permanece íntegro).

Assim, depois desse sobrevoo na legislação penal brasileira, não há dúvida de que o discurso punitivista conduz a vida social e causa o fortalecimento do aparelho penal repressivo e controlador, fruto da necessidade de contenção daquele que não interessa mais à lógica que dirige nossa sociedade.

Desse modo, percebemos que o respeito à democracia não surge somente com a presença de um Estado de direito, limitado pela lei vigente. É necessário que o governo respeite e proteja os direitos humanos de seu povo, para que se torne um Estado democrático de direito. Certas vezes, o direito está em sintonia com a banalização do mal, como ocorreu de forma evidente no III Reich alemão.

Além da transformação das leis penais, não se deve olvidar da criação jurisprudencial, que dá sinais de acompanhar o mesmo paradigma pós-moderno. Um dos ícones dessa mudança de rumo da interpretação pretoriana é a relativização do princípio da presunção de inocência, estampado em nossa Constituição Federal, realizada pelo Supremo Tribunal Federal. Como insiste Rubens Casara, "a presunção de inocência passou a ser encarada como uma negatividade e, na lógica gerencial neoliberal, como algo a ser afastado" (2017, p. 150).

Concluindo, ao observar a criação legislativa brasileira no período em recorte, podemos começar a compreender as causas da explosão da população carcerária de nosso país, que se iniciou nessa época e continua em franco crescimento.

## ASCENÇÃO DO ESTADO CARCERÁRIO BRASILEIRO

A reorganização do braço penal estatal e o abandono da finalidade social da prisão demonstrado pelo crescimento exacerbado dos sistemas penitenciários é um traço comum dos países que são geridos por uma lógica de mercado, na qual o que não é necessário deve ser descartado. Nesse quadro, o aparelho prisional torna-se mero instrumento de depósito desse refugo, sem qualquer objetivo ressocializador.

Como já insistimos, a produção de uma subjetividade supérflua e indesejada, representada pela população empobrecida e precarizada, é a razão da hipertrofia penal neoliberal. No Brasil, a situação não é diferente, ao contrário, mostra-se ainda mais grave, pois, por aqui, nunca houve sequer a implementação eficaz de políticas sociais que implicassem o reconhecimento da existência de um Estado social e, por conseguinte, nunca tivemos uma população realmente amparada por práticas assistenciais. Portanto, o que já era ruim, piorou. Insiste Wacquant: "À atrofia deliberada do Estado social corresponde a hipertrofia diatópica do Estado penal: a miséria e a extinção de um têm como contrapartida direta e necessária a grandeza e a prosperidade insolente do outro" (2011, p. 88).

A modificação na tendência da política criminal brasileira, que teve início há, aproximadamente, 30 anos, com a explosão de leis que adotam uma postura de intolerância e trazem o aumento das punições, representa o marco da guinada decisiva para a ocorrência da maior curva de crescimento da população carcerária da história do país.

Durante a década de 1980, portanto no período anterior ao marco de virada objeto da presente investigação, o cenário demográfico do sistema penitenciário brasileiro era de estabilidade. A quantidade de presos girava em torno de 60 mil, alcançando, em 1985, o total de 69.365. Após a década de 1990, essas cifras se alteram, e, em 1995, o número de presos já chegava na casa dos 148 mil (ou seja, mais que o dobro). Em 2005, dobrou novamente, ultrapassando os 360 mil encarcerados. Havia, inexoravelmente, terminado o período de alguma estabilidade ou de crescimento suave da população carcerária.

Replicando o fenômeno que já havia se dado nos países centrais, a reviravolta da demografia do sistema penitenciário brasileiro após 1990 mostrou-se tão acentuada quanto brutal. A população carcerária entrou numa espiral ascendente, aumentando o efetivo prisional em velocidade descomunal. O quantitativo de presos, em 30 anos, quase decuplicou, passando de cerca de 90 mil, em 1990, para mais de 800 mil em 2020.

Com o intuito de examinar de modo analítico e empírico a máquina carcerária brasileira, tomaremos três dimensões utilizadas por Löic Wacquant (2011, p. 21), quando o autor francês tratou da transição do Estado-providência ao Estado-penitência estadunidense: a) a expansão vertical, em razão do aumento desenfreado da população prisional; b) o redirecionamento orçamentário estatal, com a diminuição do investimento no campo social e o aumento no sistema penal; e c) a política de ação carcerária afirmativa, resultante da esmagadora presença de negros, jovens e pobres em nossos cárceres.

## A EXPANSÃO VERTICAL DO DISPOSITIVO CARCERÁRIO

Em 30 anos, a população carcerária brasileira aumentou quase dez vezes, situação jamais vista na história do país, e inaceitável em qualquer sociedade democrática. O alarmante crescimento colocou o Brasil, desde o ano 2011, em terceiro lugar entre os países com maior população carcerária em números absolutos (tabela 2), ficando somente atrás dos Estados Unidos (aproximadamente 2,1 milhões de presos) e da China (aproximadamente 1,69 milhão de presos). Em números relativos, ocupa a terceira posição, atrás dos Estados Unidos e da Tailândia.

TABELA 2 | **DADOS ACERCA DAS DEZ MAIORES POPULAÇÕES PRISIONAIS DO MUNDO**

| PAÍS | POPULAÇÃO CARCERÁRIA | TAXA DE ENCARCERAMENTO | TAXA DE OCUPAÇÃO |
|---|---|---|---|
| 1. EUA | 2.068.800 | 629 | 95,6% |
| 2. CHINA | 1.690.000 | 119 | - |
| 3. BRASIL | 811.707 | 381 | 146,8% |
| 4. ÍNDIA | 478.600 | 35 | 118,5% |
| 5. RÚSSIA | 469.385 | 325 | 67,8% |
| 6. TURQUIA | 291.198 | 347 | 120,5% |
| 7. TAILÂNDIA | 286.677 | 412 | 339,1% |
| 8. INDONÉSIA | 266.259 | 97 | 196,4% |
| 9. MÉXICO | 222.018 | 170 | 102,4% |
| 10. IRÃ | 189.000 | 228 | 153% |

FONTE: http://www.prisonstudies.org/world-prison-brief. Acesso em: 5 nov. 2021.

Conforme registrado por Massimo Pavarini e André Giamberardino, "a elaboração, sistematização e publicização da estatística penitenciária no Brasil é caracterizada historicamente pela precariedade e desorganização em seus dados" (2018, p. 93). Assim, inicialmente, utilizaremos dados fornecidos pelo Conselho Nacional de Justiça (CNJ), que registra, de forma mais atualizada, a quantidade total de presos em nosso sistema penitenciário. Depois, passaremos a utilizar, em regra, as informações colhidas no Departamento Penitenciário Nacional (DEPEN), que vem atualizando os dados de nosso sistema com maior detalhamento por meio do Infopen, serviço de informações estatísticas sobre o sistema penitenciário.

Segundo o Banco de Monitoramento de Prisões do CNJ, o Brasil, atualmente, tem 895.891 pessoas privadas de liberdade (gráfico 1). Os dados mostram que, desse total, 600.415 são presos provisórios. Ou seja, de acordo com o CNJ, mais de 2/3 da população encarcerada no país não possui um decreto condenatório com trânsito em julgado, isto é, com caráter definitivo.

Essa espécie de prisão, como já vimos, é uma característica central da política criminal fundada no risco e na gestão da periculosidade, uma vez que pretende neutralizar o "indivíduo perigoso" apenas em razão de eventual possibilidade de desordem que ele possa causar.

Outro ponto que merece destaque no gráfico acima é o número de mandados de prisão pendentes de cumprimento, vale dizer, 338.625 ordens de prisão carecem de cumprimento, sendo 21.188 de pessoas foragidas e 317.437 de procurados pelo aparelho penal. De acordo com os dados que analisaremos à frente, há um enorme déficit de vagas no sistema prisional. Assim, a questão que, irremediavelmente, se apresenta é: onde seriam colocadas essas pessoas em caso de cumprimento de todos os mandados de prisão pendentes? A racionalidade desse discurso punitivo vem criando situações surreais como essa.

A seguir, traremos à colocação os dados extraídos do DEPEN, que constituem o eixo central da presente investigação.

GRÁFICO 1 | **PESSOAS PRIVADAS DE LIBERDADE E MANDADOS DE PRISÃO**

FONTE: Conselho Nacional de Justiça (2021)[63]

[63] Disponível em: https://portalbnmp.cnj.jus.br/#/estatisticas. Acesso em: 2 fev. 2021.

GRÁFICO 2 | **POPULAÇÃO PRISIONAL NO BRASIL (1990-2019)**

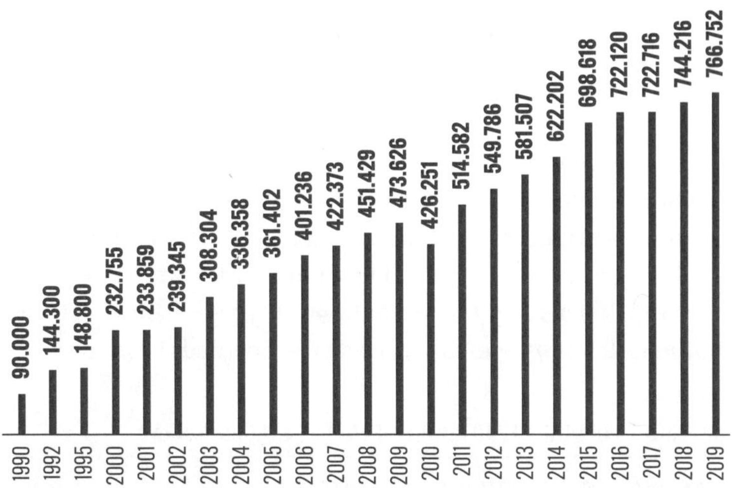


FONTE: DEPEN (2019)

Os dados acima colacionados demonstram que, em alguns momentos e contextos socioeconômicos, a curva ascendente relativa à população prisional disparou. Antes, havia uma lateralidade estatística no quantitativo de presos, que foi abandonada com o surgimento desses ideais. Como o mesmo fato se deu em outros países do norte, a questão que surge é: existe alguma semelhança na replicação dos fenômenos que possa indicar a sua causa? A resposta é positiva.

Vimos que, tanto nos Estados Unidos e na Europa quanto no Brasil, o marco da virada do incremento da política punitivista, com o aumento da atuação do aparelho penal e, consequentemente, a explosão da população prisional, corresponde à superação das políticas sociais desenvolvidas pelo Estado (no caso brasileiro, de modo muito precário) em virtude da implementação da lógica neoliberal na gestão estatal. O fato não se traduz em mera coincidência. O neoliberalismo global produz uma forma de subjetividade supérflua e indesejada, por não possuir as características necessárias para o convívio na sociedade pós-moderna, regida pelo consumo. Destarte, para os neoliberais, a solução para a manutenção da "ordem" da sociedade, nessas circunstâncias, deságua na neutralização dos indesejados, e isso ocorre com a hipertrofia do braço penal estatal. A repetição histórica do fenômeno em países distintos é clara nesse sentido.

Observando o gráfico retro, notamos que a população carcerária brasileira vem crescendo regularmente e a passos largos. Os números revelam que, de 1990 até 2019, houve um crescimento demográfico na ordem de mais de 800%, saindo de 90 mil presos para a espantosa multidão de 766.752 pessoas privadas de liberdade nesse período.

GRÁFICO 3 | **POPULAÇÃO PRIVADA DE LIBERDADE E VAGAS POR ANO**

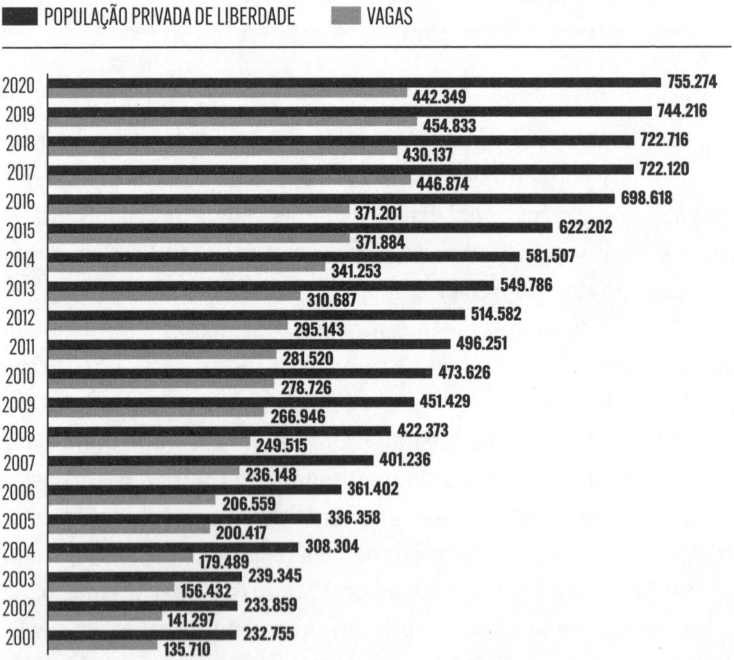


FONTE: DEPEN (2019)

Embora os dados do gráfico em comento estejam atualizados até o ano de 2019, como vimos, em 2020 já ultrapassamos a marca de 800 mil presos, faltando muito pouco para chegar aos 900 mil, ou seja, alcançando um número de presos dez vezes maior em 30 anos, de acordo com os números fornecidos pelo CNJ.

O encarceramento em massa torna insustentável qualquer intenção de proporcionar um local apropriado para a custódia humana. Com efeito, a taxa de ocupação de nosso sistema penitenciário é enorme: segundo os dados do DEPEN, em 2019 o déficit era de 312.925 vagas. Essa superlotação inviabiliza qualquer tentativa de proporcionar atividades recuperadoras e dificulta a alimentação, a higiene, o sono, o contato com familiares, a assistência jurídica adequada etc. O cárcere não cumpre nenhuma outra função, senão a de estocar pessoas. Assim, constatamos empiricamente que se transforma única e exclusivamente em um depósito.

GRÁFICO 4 | **POPULAÇÃO PRISIONAL, DÉFICIT E VAGAS**

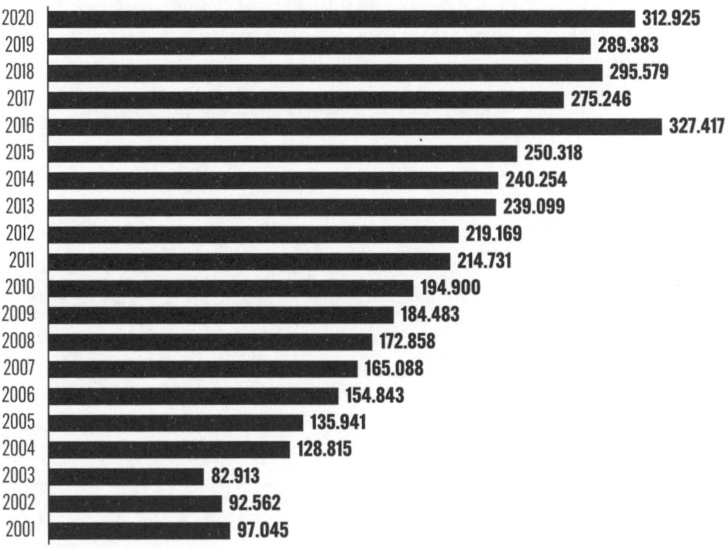


FONTE: DEPEN (2019)

GRÁFICO 5 | **TAXA DE APRISIONAMENTO POR ANO**

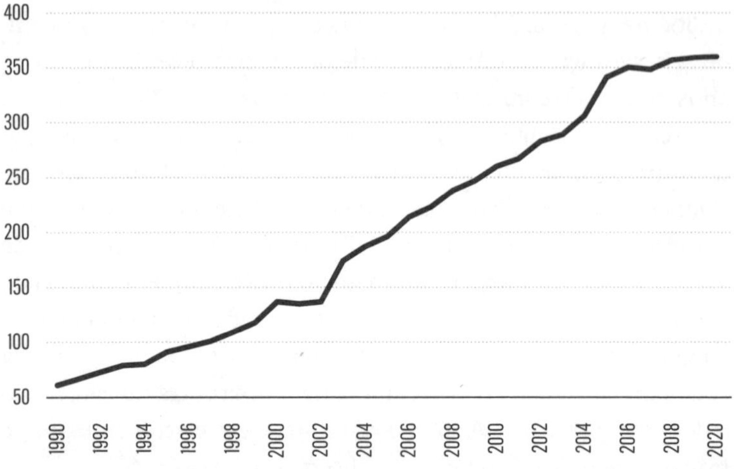


FONTE: DEPEN (2019)

GRÁFICO 6 | **DÉFICIT TOTAL E VAGAS POR ANO | VALORES ABSOLUTOS**

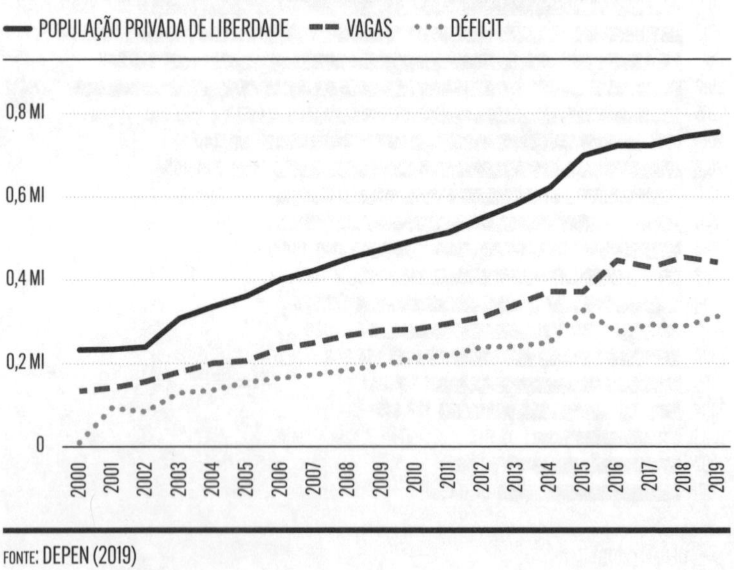


FONTE: DEPEN (2019)

O vertiginoso crescimento populacional dos presídios brasileiros é, em larga medida, explicado pela natureza dos crimes pelos quais os presos respondem. Com efeito, em nossa legislação penal, há mais de 1.600 tipos penais (vale dizer, mais de 1.600 condutas criminalizadas). Porém, somente os crimes contra o patrimônio (em especial, roubo e furto) e os da lei de drogas correspondem a 71,24% de toda privação de liberdade que se encontra em nosso sistema prisional.

A função oculta do aparelho penal, consistente em neutralizar a turba (ou ralé) que amedronta a nova burguesia neoliberal, revela-se com clareza na cartografia da espécie dos delitos representados pelos presos punidos pelo sistema.

A esmagadora predominância da ocorrência de delitos dessas espécies e a grande repressão a esses indivíduos demonstram dois lados diferentes da mesma moeda. De um lado, pelo olhar do violador da norma: a prática de crimes contra o patrimônio ou crimes de comércio de drogas demonstra sua posição de expropriado, pauperizado, necessitado, que busca, desesperadamente, nesse modo tosco de criminalidade, um meio de obtenção de renda. De outro lado, pelo prisma daqueles que detêm o patrimônio e residem nas grandes metrópoles: convencidos pelo discurso de "lei e ordem", legitimam, ou melhor, clamam por um Estado penal "eficaz" para a proteção de seus bens e para a manutenção da ordem ameaçada pelos que praticam crimes relacionados à droga.

A seletividade do sistema penal resta evidenciada quando se observa os dados que ora examinamos, e se confirmará quando analisarmos o perfil do preso brasileiro.

O mesmo quadro ocorreu na grande virada punitivista estadunidense, como aponta Wacquant:

> Pois, contrariamente ao discurso político e midiático dominante, as prisões americanas estão repletas não de criminosos perigosos e violentos, mas de vulgares condenados pelo direito comum por negócios com drogas, furto, roubo ou simples atentados à ordem política, em geral oriundos das

parcelas precarizadas da classe trabalhadora e, sobretudo, das famílias do subproletariado de cor das cidades atingidas diretamente pela transformação conjunta de trabalho assalariado e da proteção social (2011, p. 91).

GRÁFICO 7 | **QUANTIDADE DE INCIDÊNCIAS POR TIPO PENAL**

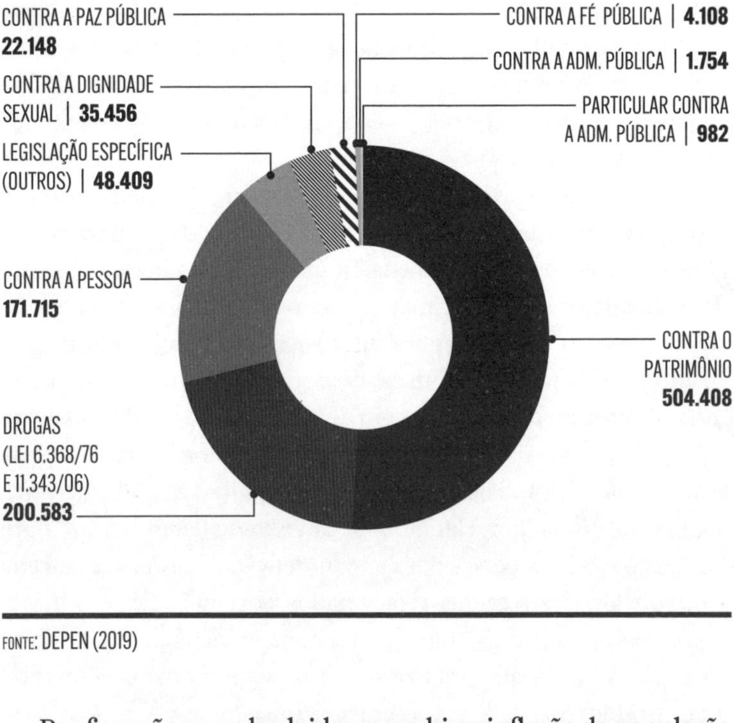


FONTE: DEPEN (2019)

Por fim, não se pode olvidar que a hiperinflação da população prisional não ocorreu somente verticalmente, ela também é seguida por uma ampliação horizontal do sistema penal, consistente em outros meios de cumprimento de pena ou de controle preventivo, tais como livramento condicional, sursis, prisão domiciliar, monitoramento com tornozeleira eletrônica e permanência em casa de albergado. Essas modalidades proporcionam uma extensão lateral, multiplicando muitas vezes a população que é alcançada pelo sistema penal. Isso sem levar em consideração os familiares, que, praticamente, cumprem a pena junto com o recluso. Destarte, levando-se em conta que cada apenado tenha três ou quatro parentes, o número de envolvidos com todo o aparelho punitivo multiplica-se várias vezes. Percebemos, então, que milhões de pessoas são atingidas pelo severo braço penal estatal.

## REDIRECIONAMENTO ORÇAMENTÁRIO

Para criar condições de possibilidade de financiamento da "policialização" que rompe e controla os limites urbanos nas cidades fraturadas do Brasil, faz-se necessário um redirecionamento do orçamento estatal, mobilizando um aumento desmedido de verba para a área de segurança pública, em detrimento da diminuição orçamentária para áreas como educação, saúde e assistência social.

A luta no interior do campo burocrático, à qual se referia Pierre Bourdieu (2011), entre a "mão esquerda" e a "mão direita" do Leviatã — a primeira representando as instituições responsáveis pelas funções sociais e a segunda encarregada do planejamento orçamentário e da segurança pública —, é o que verificamos na atual conjuntura política brasileira. O governo neoliberal suprime o máximo que pode as atividades assistenciais desenvolvidas pelo Estado, deslocando a verba destinada, inicialmente, a essa finalidade para o aparelhamento do poder punitivo. Portanto, a segunda dimensão do crescimento meteórico da população carcerária no Brasil é tão evidente quanto o endurecimento das leis penais ou o próprio esgotamento espacial do sistema prisional.

Tomaremos como exemplo os quatro últimos anos de previsão orçamentária do estado do Rio de Janeiro, verificando a verba direcionada para as áreas de educação, saúde e segurança pública (aqui englobados as polícias militar e civil, a administração penitenciária e o gabinete de segurança institucional).

TABELA 3 | **ORÇAMENTO DESTINADO À SEGURANÇA PÚBLICA, À EDUCAÇÃO E À SAÚDE NO ESTADO DO RIO DE JANEIRO**

| | 2020 | 2019 | 2018 | 2017 |
|---|---|---|---|---|
| SEG. PÚBLICA | 9.799.059.366 | 9.264.633.137 | 8.970.048.485 | 8.623.756.572 |
| EDUCAÇÃO | 5.341.288.014 | 5.074.802.000 | 5.043.910.674 | 4.928.926.728 |
| SAÚDE | 6.968.125.571 | 6.947.408.284 | 6.455.144.055 | 6.647.664.933 |

FONTE: Secretaria de Estado de Fazenda do Rio de Janeiro[64]

Analisando os dados acima, verificamos que os orçamentos destinados pelo estado do Rio de Janeiro para a segurança pública mantêm uma média de quase o dobro dos que foram delegados à educação. No tocante às verbas direcionadas à saúde, estas são quase 30% inferiores àquelas destinadas à segurança pública. Logo, fica evidente a intenção de fortalecimento do Estado penal, que se afasta cada vez mais da prática de atividades de natureza social.

Uma matéria publicada pelo site UOL (Madeiro, 2019) noticia que o Tribunal de Contas da União (TCU) aponta que o custo médio de cada preso, em 2017, para o orçamento do país era de R$ 23.000,00 por ano, enquanto que, no mesmo período, o Ministério da Educação definiu que o custo anual por aluno seria de R$ 2.873,03. Ou seja, a superlotação carcerária acarreta um gasto com cada detento oito vezes maior do que o destinado a um estudante. Nesse mesmo contexto, a reportagem informa que o investimento público na área de educação caiu 56% de 2014 a 2018, passando de R$ 11,3 bilhões para R$ 4,9 bilhões.

Lamentavelmente, essa política neoliberal imposta por nosso atual presidente da República e seu ministro da Fazenda redunda na autorização de um gasto de mais de R$ 20 mil com um preso, com o

[64] Disponível em: http://www.governoaberto.rj.gov.br/planejamento-e-orcamento. Acesso em: 2 fev. 2021

fomento de políticas de encarceramento. De outro lado, eles garantem que, em razão da impossibilidade de endividamento público, não poderão continuar com o pagamento de auxílio emergencial no valor de R$ 600,00 mensais a pessoas que estão, literalmente, morrendo de fome, porque perderam a capacidade de se sustentar devido à pandemia da covid-19 que assola o mundo. Quantos auxílios emergenciais poderiam ser pagos e quantas vidas poderiam ser salvas se não houvesse um encarceramento sem proporções como o nosso?

## POLÍTICA DE AÇÃO CARCERÁRIA AFIRMATIVA

A terceira dimensão que merece destaque acerca do encarceramento em massa decorrente da lógica neoliberal e da consequente necessidade de neutralizar e invisibilizar os inúteis é a presença, esmagadoramente majoritária, do que Jessé Souza (2006) chamou de "ralé estrutural brasileira" depositada em nosso sistema prisional.

A máquina punitiva estatal, por meio de suas diversas engrenagens, representa um aparelho de controle social seletivo, que funciona com o escopo de manter o *establishment* de dominação existente em determinado contexto sócio-histórico. Dessa forma, na sociedade neoliberal, na qual a desigualdade é um eixo central, a prisão realiza a tarefa de separar os sujeitos dos não sujeitos. Diferencia, marginalizando, deixando claro a condição e o local de cada um na pirâmide social.

A intervenção penal constitui e reproduz a desigualdade, na medida em que, pela natureza estigmatizante do processo criminal, ela define as posições sociais, criando padrões e esquemas conceituais que identificam o status social do indivíduo. Esse processo atua em duas frentes: na primeira, rotulando o indivíduo de acordo com características pessoais que simbolizam, em tese, sua periculosidade social; na segunda, agindo no próprio interior do sujeito, inculcando em seu inconsciente a condição de "excluído perigoso", mormente em relação aos egressos do sistema prisional.

No tocante ao processo de inculcação e de rotulação, é preciso o comentário feito por Juliana Borges:

> Ao perguntar para qualquer pessoa negra periférica quais são as instruções que ela recebe desde pequena sobre o comportamento, conduta e confiabilidade na polícia, um braço central para o funcionamento das engrenagens da exclusão, certamente será percebida não uma mera distorção de um suposto papel de organização (2019, p. 86-87).[65]

O cárcere é um dispositivo essencial na função seletiva e inocuizadora realizada pelo sistema penal. Pela sua cartografia, podemos visualizar uma fotografia da subjetividade que está enclausurada atrás de suas grades.

O jovem negro, pobre e sem estudos é o retrato do sistema penal brasileiro.

GRÁFICO 8 | **COR E ETNIA DAS PESSOAS PRIVADAS DE LIBERDADE**

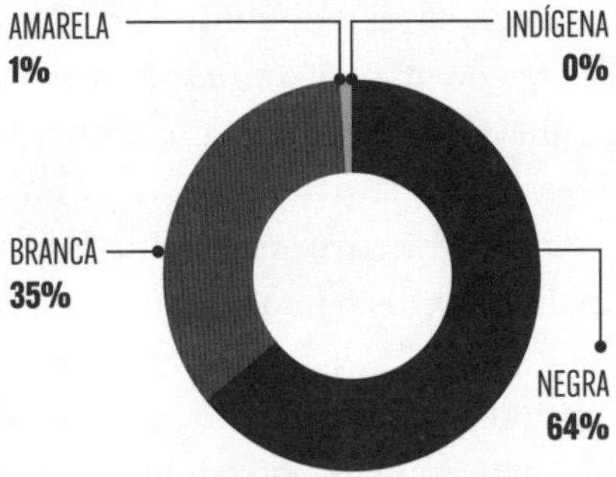


FONTE: Infopen (2016)[66]

---

[65] No trabalho de Borges (2019) será explicitado o elemento central de surgimento de uma instituição constituidora de um aparato sistêmico para reproduzir e garantir a manutenção de desigualdades sustentadas em hierarquias raciais.

[66] Disponível em: https://www.justica.gov.br/news/ha-726-712-pessoas-presas-no-brasil. Acesso em: 2 fev. 2021.

Os dados do Infopen confirmam a natureza discriminatória e seletiva de nosso dispositivo penal. Constatamos que a maioria esmagadora das pessoas privadas de liberdade em nosso país é negra. Ou seja, 64% de todo o contingente prisional é composto por pessoas negras, podendo o percentual ser ainda maior em razão de muitos mestiços de pele escura serem contabilizados como brancos.

No Brasil, as consequências gravosas para o excluído supérfluo da modernidade líquida, desprovido da condição de consumidor, são agravadas pelo emprego do racismo estrutural (Almeida, 2019), fruto do arquétipo do latifúndio escravagista arraigado, historicamente, em nossa sociedade. Esse modelo regula nossas relações sociais, naturalizando a coisificação discriminatória em razão da cor da pele e, ainda, informa as práticas policiais e judiciais que se baseiam no discurso de "lei e ordem".

Nossa sociedade está estruturalmente fundada em relações de preconceito e discriminação, em que o racismo está integrado intrinsicamente às malhas do sistema. Os bancos de dados policiais e o contingente penitenciário trazem à luz esse vergonhoso fato.

> Acreditar que o elemento de classe não está informado pelo contexto e pelo elemento racializado e colonial da sociedade brasileira é invalidar que negros são 76% entre os mais pobres no país, que três em cada quatro negros estão presentes entre os 10% com a menor renda do país ou que, em 2015, negros recebiam, em média 59,2% do rendimento dos brancos, mesmo com as políticas afirmativas e de incentivo implementadas nos últimos anos (Borges, 2019, p. 87).

A lógica colonial teve que se valer de muita violência para estabelecer a desigualdade estrutural da nossa sociedade. E essa violência não vinha do suposto infrator, mas era empregada pelo poder dominante, para perpetuação das relações de domínio e exploração. Nesse diapasão, quanto mais próximo estiverem aqueles que caem à condição de "coisa" daqueles que acumulam riquezas e ostentam a qualidade de consumidor, mais intensa será a utilização da violência legítima (Weber, 2011) empregada pelo Estado por meio de seu aparelho punitivo.

Nessa perspectiva, o que verificamos é a superação do "direito penal do fato", com raízes iluministas, que busca proporcionar um tratamento equânime para os violadores da norma, pelo "direito penal do autor" (característica central da política criminal atuarial e base do chamado direito penal do inimigo, estruturado a partir das teorias de Carl Schmitt), em que o que passa a ser importante são as características pessoais que identificam o indivíduo como pertencente a um grupo de perigosos em potencial. O sistema penal é movimentado, portanto, na direção da captura e do isolamento daquele que se amolda a determinado estereótipo de delinquente.

Volta à cena a figura do "indivíduo perigoso" encarnado no negro pobre que habita as favelas e vai, mais cedo ou mais tarde, nos despossuir, violentar nossa família ou nos matar. Surge o novo *Jim Crow*[67], "ontem escravos, hoje massas marginais urbanas" (Batista, 2016, p. 57). Insiste Michelle Alexander que o "paralelo mais óbvio entre o *Jim Crow* e o encarceramento em massa é a discriminação legalizada" (2017, p. 273). Portanto, as matrizes coloniais informam nossa sociedade e alimentam a forma insaciável do Leviatã punitivista brasileiro.

Da mesma forma que a prisão tem sido uma instituição que sofre um "escurecimento" (termo que pego emprestado de Wacquant) em razão da predominância da presença de pessoas negras, como demonstram os dados acima, ela também pode ser considerada um lugar ocupado por jovens.

Podemos verificar, pelo exame do gráfico acima, que mais da metade da população carcerária brasileira é composta de jovens, com 55% dos presos entre 18 e 29 anos de idade.

---

67 *Jim Crow* era o apelido do personagem representado pelo ator branco Thomas D. Rice que usava maquiagem preta no rosto, caracterizando negros de forma pejorativa.

GRÁFICO 9 | **FAIXA ETÁRIA DAS PESSOAS PRIVADAS DE LIBERDADE**

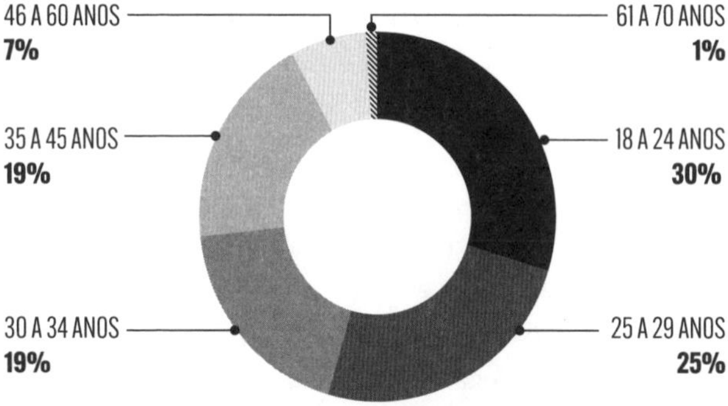


FONTE: Infopen (2016)[68]

GRÁFICO 10 | **GRAU DE INSTRUÇÃO DAS PESSOAS PRIVADAS DE LIBERDADE**

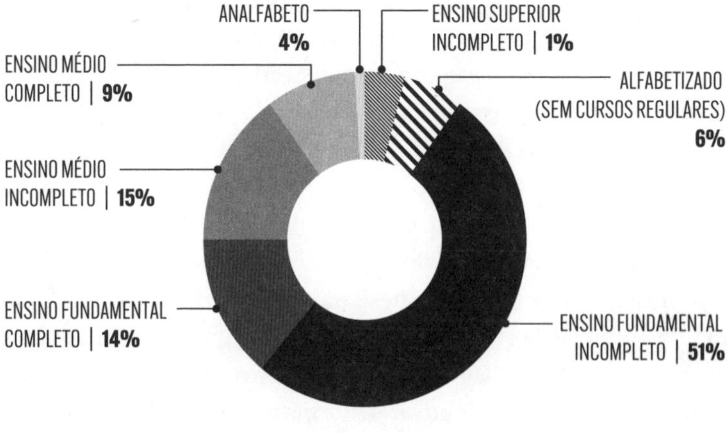


FONTE: Infopen (2016)[69]

68 Disponível em: https://www.justica.gov.br/news/ha-726-712-pessoas-presas-no-brasil. Acesso em: 2 fev. 2021.

69 Disponível em: https://www.justica.gov.br/news/ha-726-712-pessoas-presas-no-brasil. Acesso em: 2 fev. 2021.

O grau de instrução das pessoas privadas de liberdade no sistema penitenciário brasileiro é extremamente baixo. O gráfico 8 mostra que 75% dos presos estudaram no máximo até o Ensino Fundamental, dos quais 10% são analfabetos ou foram alfabetizados sem cursos regulares. No tocante ao Ensino Médio, apenas 9% completaram o período de estudo e menos 1% o ensino superior.

Infelizmente, não há dados precisos no que concerne ao estado de ocupação laborativa das pessoas reclusas em nosso sistema. Mas, de certa maneira, as informações acerca do grau de escolaridade dos detentos servem de parâmetro para presumir a variação de empregados e desempregados dentro de nossas cadeias, ou ainda, supor um padrão de rendimentos para pessoas com tal escolaridade.

A precariedade da formação acadêmica induz à produção de uma massa composta, em sua grande parte, de trabalhadores braçais, ambulantes ou pedintes — senão desempregados. Quando muito, essas serão as atividades desenvolvidas pela maioria da população carcerária. Em outras palavras, a baixíssima escolaridade é um indicativo da pobreza que povoa nosso cárcere. O aparelho punitivo captura, como já dito e agora demonstrado, o jovem, negro, sem instrução e desempregado da nossa sociedade.

Por derradeiro, resta evidente que, a partir de 1990, o Brasil, adotando a lógica neoliberal como forma de governamentalidade que impõe o fortalecimento do braço penal no campo burocrático estatal, implementou uma virada decisiva em sua política criminal. O acentuado crescimento da desigualdade e da pobreza legitimou um discurso de "lei e ordem" importado do norte global. A nova política criminal brasileira agora tem o objetivo de gerir e neutralizar grupos perigosos. Para tanto, transforma a natureza do cárcere, que abandona sua função recuperadora e passa a servir exclusivamente como depósito, fomentando, ainda, uma produção de leis penais gravosa em escala industrial.

# CONSIDERAÇÕES FINAIS

TENTAMOS DEMONSTRAR A ONDA PUNITIVA crescente a partir de certas transformações sociais, políticas e econômicas. O eixo central da presente investigação é o papel de uma política criminal baseada na punição e no novo modelo de prisão, indispensável para a formação da sociedade neoliberal produtora de excedentes humanos. Recortamos a análise dos anos 1970 até os dias de hoje, abordando a questão, inicialmente, nos países centrais e, em seguida, no Brasil.

Vimos um crescimento vertiginoso da população carcerária estadunidense no final da década de 1970 e, no Brasil, a partir de 1990, contrariando uma tendência de estabilidade na demografia carcerária, defendida pelos estudiosos da época. Junto com esse fenômeno, altera-se o ideal central da pena de prisão e aumenta-se consideravelmente o orçamento público destinado ao aparelho penal.

A mudança no curso da política criminal rumo ao estabelecimento de um Estado penal não decorre do aumento das taxas de criminalidade nem da incredulidade na capacidade do sistema prisional em ressocializar o detento, mas, sim, da produção em larga escala de uma população pauperizada, fruto da redução da atividade do poder público na área social, bem como do desinteresse do capitalismo financeiro na acolhida dessa multidão.

Defendemos que o repentino fomento à hipertrofia do poder punitivo pode ser melhor compreendida se o observarmos em conjunto com as reestruturações no campo social. Insistimos que as modificações acarretadas pelo emprego da racionalidade neoliberal na sociedade pós-industrial geram a necessidade da presença de um braço penal forte que promova a limpeza urbana das pessoas indesejadas e, também, um claro limite simbólico que produza a inculcação das categorias subjetivas próprias dessa sociedade. Como pontua Löic Wacquant, “a prisão simboliza divisões materiais e materializa relações de poder simbólico” (2015b, p. 16).

O neoliberalismo acarreta, como já vimos, uma sociedade de cidadãos individualizados que competem entre si, utilizando-se do modelo empresarial de gestão em todos os aspectos da vida. Nesse cenário não há espaço para a solidariedade social ou para uma coesão comunitária, cada indivíduo luta pelo que é seu e pela prevalência de seus interesses particulares. O caráter de insegurança desse modelo de relações sociais cria uma fratura no corpo da sociedade, fazendo surgir grupos díspares que necessitam de controle. Essa conjuntura proporciona um empenho por monitoramento e neutralização da população excedente e perigosa.

A concomitância temporal entre o estabelecimento da governamentalidade neoliberal e a virada punitiva não foi mera coincidência. Pretendemos demonstrar que a ascensão do processo de desigualdade social, o aprofundamento da pobreza, a superação do Estado assistencialista e a expansão das redes policial, judiciária e penitenciária são eixos centrais da política que orienta a sociedade contemporânea.

A sociedade do mercado na pós-modernidade precisa dar uma solução para a presença de pobres imprestáveis que poluem o ambiente social e insistem em cruzar fronteiras que não lhes são permitidas. O caminho eleito é o aprisionamento. O recrudescimento do poder punitivo — e a consequente criminalização das pessoas que compõem esses grupos — constitui o principal fato gerador da explosão do encarceramento.

Os marcos temporais são claríssimos nesse sentido, como mostra a curva ascendente da população aprisionada que ocorre exatamente no período da alteração do Estado social para o neoliberal. O cárcere-depósito é a pilastra de sustentação da razão neoliberal, uma vez que executa a neutralização dos supérfluos produzidos por essa lógica.

O cárcere-depósito é utilizado como um dispositivo de controle e exclusão, apontado para a população de expropriados e desfavorecidos, fruto da nova dinâmica social e econômica. Esse modo de gestão da população explica o motivo pelo qual a prisão deixou de ser um instituto que caminhava na direção do desuso para se tornar protagonista na pós-modernidade. Merecem transcrição as palavras de David Garland, quando aborda essa questão:

> O encarceramento emergiu em sua forma renovada e reinventada porque é capaz de desempenhar um papel essencial no funcionamento das sociedades pós-modernas, neoliberais a de instrumento "civilizado" e "constitucional" de segregação das populações problemáticas criadas pela economia e pelos arranjos sociais atuais (2017, p. 422).

O novo cárcere é a solução para o confinamento e a invisibilização dos supérfluos. Concomitantemente, satisfaz os desejos de retribuição da classe privilegiada, ou seja, aplaca o gozo punitivo produzido pela retórica do medo hobbesiano.

De outro lado, com o naufrágio do Estado social provocado pelo neoliberalismo, a prisão constitui a solução mais rápida e "eficaz" para gerir os corpos da população marginalizada. Essa proposta não encontra resistência na esfera política e evita o direcionamento orçamentário do Estado para ações sociais e de amparo, harmonizando-se, assim, com os ideais do mercado e das empresas privadas.

Durante o estudo, insistimos que uma característica marcante da sociedade neoliberal, em razão de seu modelo mercadológico-empresarial formador de subjetividades, é a falta da solidariedade social, decorrente da presença de um individualismo exacerbado. O "outro", então, é visto todo o tempo como um oponente, um concorrente que se deve superar a qualquer custo. Mesmo que esse "outro" seja alguém desfavorecido e pertencente a um grupo vulnerável, ele não merece compaixão, não há solidariedade, opera-se, assim, a lógica do darwinismo social.

Não é por acaso que a sociedade contemporânea é marcada pela ausência de solidariedade. Vivemos em uma sociedade chamada líquida, em que tudo que é sólido se desmancha, portanto, temos uma realidade incompatível com o sentimento que é representado pela palavra solidariedade — como indica sua raiz etimológica, ela vem da expressão *solidus*, que significa sólido, consistente, em latim. Derivam, ainda, desse adjetivo, o substantivo *solum* (fundamento, apoio) e os verbos *solidare* (consolidar, segurar) e *solidescere* (fazer-se sólido). A sociedade neoliberal forma o sujeito-empresa, frio e calculista, transformando as pessoas em dados estatísticos e índices de performance que regem toda e qualquer ação. Os dados negativos ou os prognósticos de risco devem ser gerenciados e devidamente evitados, sendo assim, não há espaço para afetividade nesse contexto.

Na sociedade configurada sob esse prisma, o supérfluo, produzido por essa dinâmica, é esmagado. Esse modelo social é uma máquina de moer humanos, e isso vemos todos os dias quando milhares de pessoas indesejadas são depositadas, umas sobre as outras, em fétidos túmulos de concreto e ferro que representam nossas prisões. Sem contar o covarde genocídio que ocorre nas fronteiras fechadas diante daqueles que não têm outro caminho para a vida e o extermínio diário dos que vivem nos guetos e favelas espalhados pelos grandes centros.

A solidariedade orgânica durkheimiana desapareceu, o apoio ao "outro" não faz parte da cartilha neoliberal, muito pelo contrário. A humanidade está doente e precisa mudar de direção. Como escreve o formulador do conceito de sociedade líquida, "não existe outra saída para ela (humanidade) senão a solidariedade dos seres humanos" (Bauman, 2017, p. 24).

O disciplinamento "moral" do mercado produz pessoas indiferentes à alteridade, naturalizando e banalizando a inocuização de grupos que compõem uma subclasse de humanos. O mesmo acontecia em Auschwitz, onde as famílias que moravam ao redor do campo levavam suas vidas natural e tranquilamente, mesmo que, sentadas em sua sala de estar, pudessem ver através da janela a fumaça oriunda do forno que, naquele momento, queimava corpos humanos. O odor não mais se distinguia no ambiente, tornou-se natural. Hoje, da mesma forma, não nos causa espécie a multidão que é massacrada em nossas prisões dia após dia. A prisão-depósito[70], que armazena milhares de pessoas como se fossem coisas, é legitimada por uma "necroética" (Chamayou, 2015, p. 141) própria dos espaços em que o capital financeiro controla as ações.

A lógica mercadológica neoliberal impõe a modificação das estruturas funcionais do Estado e cria um sujeito adaptado a essa realidade que legitima tal mudança. Há um movimento dialético entre liberdade e controle que é marcante desde o final do século XX. O controle social do excluído e a intensificação da repressão penal dirigida às massas precarizadas permitem a fluidez e liberação dos agentes de mercado (inclusive o Estado) no que concerne aos movimentos de financeirização sem amarras ou fronteiras. O processo decisório é orientado para o controle da massa e a liberdade do capital.

O Brasil, como a investigação demonstra, reproduz a racionalidade acima exposta. Partimos de um fato empírico, o encarceramento em massa, e mergulhamos abstratamente na busca dos processos de determinação que explicam e implicam tal fenômeno. Não pretendemos somente observar os dados fornecidos pelo sistema prisional e, então, traçar sua cartografia. Ao revés, nosso objetivo é retirar a "casca" desse fenômeno para poder enxergar e reproduzir, concretamente, o que de fato ocorre. A partir da abstração intelectual do processo que conduz ao hiperencarceramento, relacionado (também abstratamente) com uma pluralidade de outros processos sociais, retornamos ao objeto de nossa pesquisa. E, passando da abstração para a concretude, verificamos que a principal determinação do

---

70 A reificação da humanidade produzida na prisão-depósito contemporânea renova a dinâmica praticada no Gulag soviético, no sentido da falta de qualquer relevância daqueles que ali se encontram presos. Slavoj Zizek narra um acontecimento que retrata com precisão esse fato. Diz o autor esloveno: "O navio Kim transportava 3 mil condenados para os campos de Kolyna. Durante a viagem, os condenados se amotinaram, e as autoridades do navio optaram por uma solução simples para acabar com o motim: a uma temperatura de 40 °C abaixo de zero, eles deram um banho de mangueira nos prisioneiros. Quando o Kim chegou ao porto de Nagaevo em 5 de dezembro de 1947, a 'carga' era um bloco de gelo gigante com 3 mil corpos congelados" (2013, p. 57).

processo de explosão da população carcerária no Brasil, com a redemocratização de nosso país (por mais contraditório que seja), foi a necessidade de neutralizar o indivíduo supérfluo — rotulado como pobre, negro e marginalizado — que povoa nossos centros urbanos. A expansão desse grupo de pessoas (ou não pessoas) é fruto do fomento de uma política neoliberal, já existente anteriormente em nossa sociedade, que desmontou as parcas atividades sociais praticadas pelo Estado brasileiro e incentivou a atividade financeira livre de regulamentações estatais.

Restou evidente que a curva ascendente da população prisional brasileira surge, a partir de 1990, com a abertura do Brasil à lógica neoliberal, que, dentre outras medidas, adota uma política de "lei e ordem", alterando a legislação e a dinâmica do aparelho penal. A intensificação da criminalização e a punição da pobreza, com o escopo de higienizar as cidades e tranquilizar os "cidadãos de bem", determinam uma das maiores violações de direitos humanos do país retratada pelo nosso sistema carcerário.

A política de ruptura social exercida pelo poder punitivo, que concentra seus esforços em minorias raciais e econômicas, cria um *apartheid* social violador dos postulados estabelecidos por uma democracia liberal e flerta com a abertura de espaço para governos autoritários. David Garland pontua:

> Os novos arranjos do controle do crime envolvem, contudo, certos custos sociais que são, a longo prazo, menos facilmente acomodáveis. A intensificação das divisões sociais e raciais; o reforço de processos criminogênicos; a alienação de muitos grupos sociais; o descrédito da autoridade legal; a redução da tolerância civil; a tendência ao autoritarismo — estes são resultados suscetíveis de serem produzidos pela confiança em mecanismos penais e na manutenção da ordem (2017, p. 429).

Uma ordem social na qual a política econômica gera pobreza, desigualdade e exclusão, propondo como solução o aniquilamento dessas pessoas por meio de uma guerra civil geradora de morte e prisão, no lugar de tratar o problema sob a ótica da solidariedade, em nada se coaduna com a sociedade própria de um Estado democrático.

Os políticos conduzidos pelo mercado financeiro e legitimados por uma população paralisada pelo afeto do medo têm escolhido o caminho mais fácil e oportuno do controle e da punição para lidar com o excluído, em vez de regularem a economia e proporcionarem programas sociais que os amparem. Tenho sustentado que as táticas de controle do crime e das populações têm uma congruência com as estruturas político-econômicas das sociedades pós-industriais. Em síntese, esse modelo social produz um sujeito descartável e elege a prisão-depósito como forma de solução. Entretanto, essa não é uma jaula de ferro insuperável.

Como diz Vladimir Safatle, as transformações políticas efetivas são, na realidade, modificações na estrutura dos sujeitos: "Sociedades são, em sua dimensão fundamental, circuitos de afetos. Elas constroem vínculos através da maneira com que corpos são afetados, objetos são sentidos e desejos são impulsionados" (2018a). Temos defendido que o neoliberalismo não se resume a uma teoria econômica, mas, sim, constrói uma nova razão social, tendo em vista que constitui uma lógica capaz de formatar as subjetividades em todos os campos da vida, gerando, assim, efeitos sociais transformadores. A lógica neoliberal, aplicando o modelo empresarial, transfaz o sujeito (inclusive o próprio Estado) em um empresário de si mesmo, conduzindo os comportamentos por meio do modelo concorrencial e dos princípios empresariais.

De outro lado, o modo neoliberal de organização política e social produz um certo ritmo em nossos desejos, criando uma espécie de servidão voluntária, na medida em que o Estado necessita de legitimidade para a implementação de políticas de repressão visando à contenção da miséria humana que fabrica. Esses desejos são gerados pela utilização de um circuito de afetos que nos paralisa e nos impede de criar formas sociais distintas daquelas em que nos encontramos. Como já vimos, o principal afeto posto em circulação com esse propósito é o afeto do medo.

Desde o "estado de natureza" hobbesiano, no qual se constrói a potencialidade de uma guerra de todos contra todos, o "outro" constitui aquele que a qualquer momento pode nos agredir, nos despossuir ou, até mesmo, causar nossa morte. Dessa maneira, se faz imprescindível a presença de alguém que nos proteja, e esse alguém é o Leviatã. Portanto, o afeto do medo produz um desejo de segurança legitimador da intervenção punitiva estatal no seio social, com o fim de proporcionar essa dita segurança.

Enfim, estamos diante do sujeito pós-moderno, orientado pela lógica empresarial — portanto, absolutamente individualista — e afetado pelo medo do "outro". Esse amálgama de características legitima a utilização da segregação prisional como controle de riscos.

Nesse diapasão, romper a jaula de ferro significa operar modificações na estrutura e nos modos de determinações dos sujeitos. Para promovermos uma verdadeira transformação social, necessitamos fazer circular novos afetos, que nos atinjam e produzam novos olhares, novos sentimentos e novos desejos, instaurando, definitivamente, uma nova maneira de ser.

A sociedade deve ser organizada pela circulação do afeto da solidariedade, em que se verifique uma heteronomia sem sujeição. A humanidade deve restaurar a dinâmica relacional "Eu-Tu", privilegiando o bem comum e as políticas sociais de amparo e assistência. Chegamos numa encruzilhada onde a humanidade tem que decidir entre o social e a barbárie. Somente políticas sociais e solidariedade nos ajudarão a superar a crise e o período de descivilização que atravessamos, colocando em marcha novamente o processo civilizador, nos termos de Norbert Elias (2011). Portanto, a luta contra a dominação, sendo aquela que transforma "qualquer margem de liberdade, por pequena que seja, numa oportunidade de libertação, aceitando os riscos inerentes a uma tal transformação" (Santos, 2019, p. 106), não pode parar.

Para encerrar, gostaria de deixar uma passagem de Michael Foucault para refletirmos acerca dos rumos de nossa sociedade:

Vocês sabem que nos séculos XIX e XX as pessoas se divertiam classificando as sociedades em dois tipos, de acordo com o modo como tratavam seus mortos. Foi assim que distinguiram as sociedades inumantes. Eu me pergunto se não seria possível tentar classificar as sociedades de acordo com o destino que reservam não aos defuntos, mas aos vivos dos quais querem se livrar, de maneira que elas controlem aqueles que tentam escapar do poder, como reagem àqueles que transgridem, infringem ou evitam as leis, de uma forma ou de outra (2015a, p. 3).

# REFERÊNCIAS


AGAMBEM, Giorgio. *Homo sacer*: o poder soberano e a vida nua I. Trad. Henrique Burigo. 2. ed. Belo Horizonte: Editora UFMG, 2010.

AGAMBEM, Giorgio. *O que resta de Auschwitz*: o arquivo e a testemunha (Homo 4, Sacer III). Trad. Selvino J. Assmann. São Paulo: Boitempo, 2008.

AGIER, Michel. *Managing the undesirables*: refugee camps and humanitarian government. Malden: Polity Press, 2018.

ALEXANDER, Michelle. *A nova segregação*: racismo e encarceramento em massa. Trad. Pedro Davoglio. São Paulo: Boitempo, 2017.

ALMEIDA, Silvio. *Racismo estrutural.* São Paulo: Pólen, 2019.

ALTHUSSER, Louis. *Aparelhos ideológicos do Estado.* Trad. Walter José Evangelista, Maria Laura Viveiros de Castro. Rio de Janeiro: Graal, 1985.

ANDRADE, Daniel Pereira. O que é neoliberalismo? A renovação do debate nas ciências sociais. *Revista Sociedade e Estado*, v. 34, n. 1, p. 211-239, jan./abr. 2019.

ANDRADE, Vera Regina Pereira de. *Pelas mãos da criminologia*: o controle penal para além da (des)ilusão. Rio de Janeiro: Revan, 2012.

ANDRADE, Vera Regina Pereira de. *Sistema penal máximo x cidadania mínima*: códigos de violência na era da globalização. 2. ed. Porto Alegre: Livraria do Advogado Editora, 2016.

ARENDT, Hannah. *A condição humana.* Trad. Roberto Raposo. Rio de Janeiro: Forense Universitária, 2007.

ARENDT, Hannah. *Origens do totalitarismo.* Trad. Roberto Raposo. São Paulo: Companhia das Letras, 2012.

BARATTA, Alessandro. *Criminologia Crítica e Crítica do Direito Penal*: introdução à sociologia do direito penal. Trad. Juarez Cirino dos Santos. 6. ed. Rio de Janeiro: Revan, 2016.

BATISTA, Nilo. *Machado de Assis, criminalista*. Rio de janeiro: Revan, 2018.

BATISTA, Nilo. *Introdução crítica ao direito penal brasileiro*. 3. ed. Rio de Janeiro: Revan, 1996.

BATISTA, Vera Malaguti. *Depois do grande encarceramento.* Rio de Janeiro: Revan, 2010.

BATISTA, Vera Malaguti. *Difíceis ganhos fáceis*: drogas e juventude pobre no Rio de Janeiro. Rio de Janeiro: Revan, 2016.

BAUMAN, Zygmunt. *Estranhos à nossa porta.* Trad. Carlos Alberto Medeiros. Rio de Janeiro: Zahar, 2017.

BAUMAN, Zygmunt. *Globalização*: as consequências humanas. Trad. Marcus Penchel. Rio de Janeiro: Zahar, 1999.

BAUMAN, Zygmunt. *Modernidade líquida.* Trad. Plínio Dentzien. Rio de Janeiro: Zahar, 2000.

BAUMAN, Zygmunt. *Tempos Líquidos.* Trad. Carlos Alberto Medeiros. Rio de Janeiro: Zahar, 2007.

BAUMAN, Zygmunt. *Vidas desperdiçadas.* Trad. Carlos Alberto Medeiros. Rio de Janeiro: Zahar, 2005.

BAUMAN, Zygmunt. *Vigilância Líquida.* Trad. Carlos Alberto Medeiros. Rio de Janeiro: Zahar, 2013.

BECK, Ulrich. *A metamorfose do mundo*. Novos conceitos para uma nova realidade. Trad. Maria Luiza X. de A. Borges. Rio de Janeiro: Zahar, 2018.

BECK, Ulrich. *Sociedade de risco*: rumo a uma outra modernidade. Trad. Sebastião Nascimento. 2. ed. São Paulo: Editora 34, 2011.

BECKER, Howard. S. *Outsiders*: estudos da sociologia do desvio. Trad. Maria Luiz X. de Borges. Rio de Janeiro: Zahar, 2008.

BELLI, Benoni. *Tolerância zero e democracia no Brasil*: visões da segurança pública na década de 90. São Paulo: Perspectiva, 2004.

BERMAN, Marshall. *Tudo que é sólido se desmancha no ar*: a aventura da modernidade. Trad. Carlos Felipe Moisés, Ana Maria L. Ioriatti. São Paulo: Companhia das Letras, 1986.

BONIS, Gabriel. *Refugiados de Idomeni*: o retrato do mundo em conflito. São Paulo: Hedra, 2017.

BORGES, Juliana. *Encarceramento em massa*. São Paulo: Pólen, 2019.

BOURDIEU, Pierre. *Contrafogos*. Rio de Janeiro: Zahar, 1998.

BOURDIEU, Pierre. *Contrafogos 2*: por um movimento social europeu. Trad. André Telles. Rio de Janeiro: Zahar, 2001.

BOURDIEU, Pierre et al. *A miséria do mundo*. 9. ed. Petrópolis: Vozes, 2011.

BRANCO, Guilherme Castelo. *Michel Foucault*: biopolítica e estética da existência. Rio de Janeiro: Editora UFRJ, 2020.

BRECHT, Bertolt. *Poemas 1913-1956*. Trad. Paulo César de Souza. São Paulo: Editora 34, 2012.

BROWN, Wendy. *El Pueblo sin atributos*: la secreta revolución del neoliberalismo. Trad. Víctor Altamirano. Barcelona: Malpaso Ediciones, 2015.

BROWN, Wendy. *Nas ruínas do neoliberalismo*: a ascensão da política antidemocrática do ocidente. Trad. Mario A. Marino, Eduardo Altheman C. Santos. São Paulo: Editora Filosófica Politeia, 2019.

BUBER, Martin. *Eu e Tu*. Trad. Newton Aquiles Von Zuben. São Paulo: Centauro, 2001.

BUTLER, Judith. *Quadros de guerra*: quando a vida é passível de luto? Trad. Sérgio Lamarão, Arnaldo Marques da Cunha. 4. ed. Rio de Janeiro: Civilização Brasileira, 2018a.

BUTLER, Judith. *Vida Precária*: os poderes do luto e da violência. Trad. Andreas Lieber. Belo Horizonte: Autêntica Editora, 2018b.

CARVALHO, Salo de; WEIGERT, Mariana de Assis Brasil e. *Sofrimento e clausura no Brasil contemporâneo*: estudos críticos sobre fundamentos e alternativas às penas e medidas de segurança. Florianópolis: Empório do Direito, 2017.

CASARA, Rubens Roberto Rebello. *Estado Pós-Democrático*: neo-obscurantismo e gestão dos indesejados. Rio de Janeiro: Civilização Brasileira, 2017.

CASTEL, Robert. *A insegurança social*: o que é ser protegido? Rio de Janeiro: Vozes, 2005.

CASTEL, Robert. *As metamorfoses da questão social*: uma crônica do salário. Trad. Iraci D. Poleti. 12. ed. Petrópolis: Vozes, 2015.

CASTELLS, Manuel. *O fim do milênio*. Trad. Alexandra Figueiredo. 3. ed. Lisboa: Fundação Calouste Gulbenkian, 2014.

CASTELLS, Manuel. *O poder da comunicação*. Trad. Vera Lúcia Mello Joscelyne. 2. ed. Rio de Janeiro/São Paulo: Paz e Terra, 2017.

CASTELLS, Manuel. *Ruptura*: a crise da democracia liberal. Trad. Joana Angélica d'Avila Melo. Rio de Janeiro: Zahar, 2018.

CÉSAIRE, Aimé. *Discurso sobre o colonialismo*. Trad. Claudio Willer. São Paulo: Veneta, 2020.

CHAMAYOU, Grégoire. *Teoria do drone*. Trad. Célia Euvaldo. São Paulo: Cosac Naify, 2015.

CHOMSKY, Noam. *O lucro ou as pessoas?* Neoliberalismo e ordem global. Trad. Pedro Jorgensen Jr. 8. ed. Rio de Janeiro: Bertrand Brasil, 2018.

CONDE, Muñoz. *La ciencia del Derecho Penal ante el Nuevo Milenio.* Valencia: Tirand lo Blanch, 2004.

DARDOT, Pierre; LAVAL, Christian. *A nova razão do mundo*: ensaio sobre a sociedade neoliberal. Trad. Mariana Echalar. São Paulo: Boitempo, 2016.

DAVID, Mike. *Planeta Favela.* Trad. Beatriz Medina. São Paulo: Boitempo, 2006.

DAVIS, Angela. *Estarão as prisões obsoletas?* Trad. Marina Vargas. Rio de Janeiro: Difel, 2018.

DE GIORGI, Alessandro. *A miséria governada através do sistema penal.* Trad. Sérgio Lamarão. Rio de Janeiro: Revan, 2006.

DEL OLMO, Rosa. *A América Latina e sua criminologia.* Trad. Francisco Eduardo Pizzolante, Sylvia Moretzsohn. Rio de Janeiro: Revan, 2004.

DELEUZE, Gilles. *Conversações (1972-1990).* Post-scriptum sobre a sociedade de controle. Trad. Peter Pál Pelbart. 3. ed. São Paulo: Editora 34, 2013.

DELEUZE, Gilles; GUATTARI, Félix. *Mil platôs*: capitalismo e esquizofrenia. São Paulo: Editora 34, 1997.

DEPEN. *Levantamento nacional.* 2019. Disponível em: http://antigo.depen.gov.br/DEPEN/depen/sisdepen/infopen. Acesso em: 2 fev. 2021.

DERRIDA, Jacques. *Espectros de Marx*: o Estado da dívida, o trabalho e a Nova Internacional. Trad. Anamaria Skinner. Rio de janeiro: Relume-Dumará, 1994.

DIETER, Maurício Stegemann. *Política criminal atuarial*: a criminologia do fim da história. Rio de Janeiro: Revan, 2013.

DUNKER, Christian Ingo Lenz. *Mal-Estar, sofrimento e sintoma*: uma psicopatologia entre muros. São Paulo: Boitempo, 2015.

ELIAS, Norbert. *O processo civilizador.* Vol. 1 e 2. Trad. Ruy Jungmann. Rio de Janeiro: Zahar, 2011.

ELIAS, Norbert; SCOTSON, John L. *Os estabelecidos e os outsiders*: sociologia das relações de poder a partir de uma pequena comunidade. Trad. Vera Ribeiro. Rio de Janeiro: Zahar, 2000.

ESPOSITO, Roberto. *As pessoas e as coisas.* Trad. Andrea Santurbano, Patricia Peterle. São Paulo: Rafael Copetti Editor, 2016.

FERNANDES, Florestan. *Significado do protesto negro*. São Paulo: Expressão Popular/ Editora da Fundação Perseu Abramo, 2017.

FIGUEIREDO, Carlos Eduardo. A crise do Estado democrático e a gestão de supérfluos. In: ROSÁRIO, Pedro Trovão do; DAL RI, Luciene; HAMMERSCHMIDT, Denise (org.). *Direito Constitucional Luso e Brasileiro na contemporaneidade*. Porto: Juruá, 2018, p. 133-152.

FOUCAULT, Michel. *A sociedade punitiva*: curso no Collège de France (1972-1973). Trad. Ivone C. Benedetti. São Paulo: Editora Martins Fontes, 2015a.

FOUCAULT, Michel. *Ditos e escritos IV*: estratégia, poder-saber. 3. ed. Trad. Vera Lucia Avellar Ribeiro. Rio de Janeiro: Forense Universitária, 2015b.

FOUCAULT, Michel. *Microfísica do poder.* Org. Roberto Machado. 6. ed. Rio de Janeiro/São Paulo: Paz e Terra, 2017.

FOUCAULT, Michel. *Nascimento da Biopolítica*: curso no Collège de France (1978-1979). Trad. Pedro Elói Duarte. Lisboa: Edições 70, 2018.

FOUCAULT, Michel. *Vigiar e punir*: nascimento da prisão. Trad. Raquel Ramalhete. 42. ed. Petrópolis: Vozes, 2014.

FRASER, Nancy. *O velho está morrendo e o novo não pode nascer*. Trad. Gabriel Landi Fazzio. São Paulo: Autonomia Literária, 2020.

FREIRE, Paulo. *Pedagogia do oprimido.* 73. ed. Rio de Janeiro/São Paulo: Paz e Terra, 2020.

FUSARO, Diego. *Globalización infeliz*: once tesis filosóficas sobre el devenir mundo del mercado. Trad. Michela Ferrante Lavín. Valencia: Tirant Humanidades, 2019.

GARCÍA-PABLOS DE MOLINA, Antonio. *Derecho Penal.* Introdución. Madrid: Servicio Publicaciones Facultad Derecho de la Universidad Complutense Madrid, 2000.

GARLAND, David. *A cultura do controle*: crime e ordem social na sociedade contemporânea. Trad. André Nascimento. Rio de Janeiro: Revan, 2017.

GIDDENS, Anthony. *O Estado-nação e a violência*. Trad. Beatriz Guimarães. São Paulo: Editora Universidade de São Paulo, 2008.

GIRARD, René. *O Bode expiatório.* São Paulo: Paulus Editora, 2004.

GOFFMAN, Erving. *Manicômios, prisões e conventos.* Trad. Dante Moreira Leite. São Paulo: Perspectiva, 2015.

GUILLUY, Christophe. *O fim da classe média*: a fragmentação das elites e o esgotamento de um modelo que já não constrói sociedades. Trad. Alexandra Bonrruquer. Rio de Janeiro: Record, 2020.

HAN, Byung-Chul. *Psicopolítica*: o neoliberalismo e as novas técnicas de poder. Trad. Maurício Liesen. Belo Horizonte: Editora Âyiné, 2018.

HAN, Byung-Chul. *Sociedade do Cansaço.* Trad. Enio Paulo Giachini. 2. ed. Petrópolis: Vozes, 2017.

HARDT, Michael; NEGRI, Antonio. *Império.* Trad. Berilo Vargas. 9. ed. Rio de Janeiro: Record, 2010.

HARDT, Michel; NEGRI, Antonio. *Multidão*. Trad. Clóvis Marques. 3. ed. Rio de Janeiro: Record, 2014.

HARVEY, David. *Condição Pós-Moderna*. Trad. Adial Ubirajara Soberal, Maria Stela Gonçalves. 26. ed. São Paulo: Edições Loyola, 2016.

HARVEY, David. *O neoliberalismo*: história e implicações. Trad. Adail Sobral, Maria Stela Gonçalves. 5. ed. São Paulo: Edições Loyola, 2015.

HAYDEN, Patrick. *Hannah Arendt*: conceitos fundamentais. Trad. José Maria Gomes de Souza. Petrópolis: Vozes, 2020.

HOBSBAWM, Eric. *A era dos extremos*: o breve século XX: 1914-1991. Trad. Marcos Santarrita. São Paulo: Companhia das Letras, 2017.

LA BOÉTIE, Étienne de. *Discurso da servidão voluntária*. Trad. Gabriel Perissé. São Paulo: Editora Nós, 2016.

LAVAL, Christian; DARDOT, Pierre. *El ser neoliberal*. Barcelona: Gerida, 2018.

LAVAL, Christian. *Foucault, Bourdieu e a questão neoliberal*. Trad. Márcia Pereira Cunha, Nelton Kent Ota. São Paulo: Elefante, 2020.

LAZZARATO, Maurizio. *As revoluções do capitalismo*. Trad. Leonora Co-rsini. Rio de Janeiro: Civilização Brasileira, 2006.

LAZZARATO, Maurizio. *Fascismo ou revolução?*: o neoliberalismo em chave estratégica. Trad. Talashi Wakamatsu, Fernando Scheike. São Paulo: n-1 Edições, 2019.

LEMKE, Thomas. *Foucault, governamentalidade e crítica*. Trad. Mario Antunes Marino, Eduardo Altheman Camargo Santos. São Paulo: Editora Filosófica Politeia, 2017.

LEVI, Primo. *É isto um homem?* Trad. Luigi Del Re. Rio de Janeiro: Rocco, 1988.

LÖWY, Michel. *Walter Benjamin*: aviso de incêndio. Uma leitura das teses "Sobre o conceito de história". Trad. Wanda Nogueira Caldeira Brant. Trad. (teses) Jeanne Marie Gagnebin, Marcos Lutz Müller. São Paulo: Boitempo Editorial, 2005.

LYRA, José Francisco Duas da Costa. *Imigração*: criminalização e subsistema penal de exceção. Curitiba: Juruá, 2013a.

LYRA, José Francisco Dias da Costa. As mutações do Leviatã no trânsito do fordismo ao pós-fordismo: edificação da sociedade do controle e a criminologia do atuarismo penal. *Revista Brasileira de Ciências Criminais*, v. 21, n. 103, p. 289-321, jul./ago. 2013b.

MADEIRO, Carlos. Superlotadas, prisões no Brasil gastam R$ 15,8 bilhões ao ano, diz TCU. UOL, 17 jul. 2019. Disponível em: https://noticias.uol.com.br/cotidiano/ultimas-noticias/2019/07/17/superlotadas-prisoes-no-brasil-gastam-r-158-bilhoes-ao-ano-diz-tcu.htm. Acesso em: 2 fev. 2021.

MALCOM, Feely; SIMON, Jonathan. New Penology: notes on the emerging strategy of corrections and its implications. *Criminology*, v. 30, n. 4, p. 449-474, nov. 1992.

MARX, Karl. *Os despossuídos*: debate sobre a lei referente ao furto de madeira. Trad. Daniel Bensaid, Mariana Echalar. São Paulo: Boitempo, 2017.

MBEMBE, Achille. A era do humanismo está terminando. *Revista IHU on-line*,, 24 jan. 2017a. Disponível em: www.ihu.unisinos.br/publicacoes/564255-achille-mbembe-a-era-do-humanismo-esta-terminando. Acesso em: 15 nov. 2020.

MBEMBE, Achille. *Necropolítica*: biopoder, soberania, estado de exceção, política de morte. Trad. Renata Santini. São Paulo: n-1 Edições, 2018.

MBEMBE, Achille. *Política de inimizade*. Trad. Marta Lança. Lisboa: Antígona, 2017b.

NEGRI, Antonio; HARDT, Michael. *Isso não é um manifesto*. Trad. Carlos Szlak. 2. ed. São Paulo: n-1 Edições, 2016.

NYE, Catrin. O 'pior campo de refugiados do mundo', onde até crianças tentam o suicídio. *BBC News Brasil*, 30 ago. 2018. Disponível em: https://www.bbc.com/portuguese/internacional-45350156. Acesso em: 16 jul. 2019.

PAVARINI, Massimo; GIAMBERARDINO, André. *Curso de penologia e execução penal.* Florianópolis: Tirant lo Blanch, 2018.

PELBART, Peter Pál. *Vida capital*: ensaios de biopolítica. São Paulo: Iluminuras, 2011.

PINHEIRO, Paulo Sérgio. Autoritarismo e transição. *Revista USP*, n. 9, p. 45-56, mar./abr./maio 1991.

PINHEIRO, Paulo Sérgio. Violência, crime e sistemas policiais em países de novas democracias. *Revista Tempo Social*, v. 9, n. 1, p. 43-52, maio 1999.

PINTO, Rui Pedro. *Estado, pobreza e punição*: sobre o modelo analítico de Löic Wacquant e seu contributo para a compressão da ação institucional no caso português. Porto: Edições Afrontamento, 2016.

PIKETTY, Thomas. *O capital no século XXI.* Trad. Monica Baumgarten de Bolle. Rio de Janeiro: Intrínseca, 2014.

RODRIGUES, Anabela Miranda. *A determinação da medida da pena privativa de liberdade*: os critérios da culpa e da prevenção. Coimbra: Coimbra Editora, 1995.

RUBIO, David Sánchez. *Encantos e desencantos dos direitos humanos*: de emancipações, libertações e dominações. Trad. Ivone Fernandes Morcilo Lixa, Helena Henkin. Porto Alegre: Livraria do Advogado Editora, 2014.

RUSCHE, Georg; KIRCHHEIMER, Otto. *Punição e estrutura social.* Trad. Gizlene Neder. 2. ed. Rio de Janeiro: Editora Revan, 2004.

SAFATLE, Vladimir. *O circuito dos* afetos: corpos políticos, desamparo e o fim do indivíduo. 2. ed. Belo Horizonte: Autêntica Editora, 2018a.

SAFATLE, Vladimir. *Só mais um esforço.* São Paulo: Três Estrelas, 2018b.

SANTIAGO, Homero. *Entre a servidão e liberdade.* São Paulo: Editora Filosófica Politeia, 2019.

SANTOS, Boaventura de Souza. *O fim do império cognitivo*: a afirmação das epistemologias do sul. Belo Horizonte: Autêntica Editora, 2019.

SANTOS, Boaventura de Souza. *Para uma revolução democrática da justiça*. 3. ed. São Paulo: Cortez, 2011.

SANTOS, Boaventura de Souza. *Direitos humanos, democracia e desenvolvimento*. São Paulo: Cortez, 2013.

SANTOS, Juarez Cirino. *Direito Penal*. Parte geral. 7. ed. Florianópolis: Empório do Direito ICPC, 2017.

SANTOS, Milton. *Por uma outra globalização*: do pensamento único à consciência universal. 28. ed. Rio de Janeiro: Record, 2018.

SCHEIDEL, Walter. *Violência e a história da desigualdade*: da idade da pedra ao século XXI. Trad. Vera Ribeiro. Rio de Janeiro: Zaahar, 2020.

SCHWARCZ, Lilia Moritz. *Sobre o autoritarismo brasileiro*. São Paulo: Companhia das Letras, 2019.

SCHWARCZ, Lilia Motirz; STARLING, Heloisa Murgel. *Brasil*: uma biografia. 2. ed. São Paulo: Companhia das Letras, 2018.

SIMON, Jonathan. Actuarial Justice: the Emerging New Criminal Law. In: NELKEN, David (org.). *The Futures of Criminology*. Londres: Sage, 1994.

SIMON, Jonathan. *Gobernar a través del delito*. Barcelona: Gedisa, 2011.

SOUZA, Jessé. *A ralé brasileira*: quem é e como vive. 3. ed. São Paulo: Contracorrente, 2018.

SOUZA, Jessé. *A elite do atraso*: da escravidão à Lava Jato. Rio de Janeiro: Leya, 2017.

SOUZA, Jessé. *A construção social da subcidadania*: para uma sociologia política da modernidade periférica. Belo Horizonte: Editora UFMG, 2006.

SOZZO, Máximo. ¿Metamorfosis de la prisión? Proyecto normalizador, populismo punitivo y "prisión-depósito" en Argentina. *URVIO: Revista Latinoamericana de Seguridad Ciudadana*, n. 1, p. 88-116, maio 2007.

STANLEY, Jason. *Como funciona o fascismo*: a política dos "nós" e "eles". Trad. Bruno Alexander. Porto Alegre: L&PM, 2018.

TODOROV, Tzvetan. *Os inimigos íntimos da democracia*. Trad. Pedro Elói Duarte. Lisboa: Edições 70, 2017.

VELASCO, Juan Carlos. *El azar de las fronteras*. Políticas migratórias, cidadania y justiça. México: FCE, 2016.

WACQUANT, Löic. *As prisões da miséria*. Trad. André Telles. 2. ed. Rio de Janeiro: Zahar, 2011.

WACQUANT, Löic. Bourdieu, Foucault e o Estado penal na era neoliberal. *Revista Transgressões: ciências criminais em debate*, v. 3, n. 1, p. 5-22, maio 2015a.

WACQUANT, Löic. *Os condenados da cidade*: estudos sobre a marginalidade avançada. Trad. José Roberto Martins Filho. Rio de Janeiro: Revan, 2017.

WACQUANT, Löic. *Punir os pobres*: a nova gestão da miséria nos Estados Unidos (A onda punitiva). Trad. Sérgio Lamarão. Rio de Janeiro: Revan, 2015b.

WACQUANT, Löic. *Contragolpes*: da escravidão ao encarceramento em massa: repensando a "questão racial" nos Estados Unidos. Trad. Beatriz Medina. São Paulo: Boitempo, 2006.

WEBER, Max. *A ética protestante e o espírito do capitalismo*. Trad. Mário Moraes. São Paulo: Martin Claret, 2016.

WEBER, Max. *Ciência e política*: duas vocações. Trad. Leônidas Hegenberg, Octanny Silveira da Mota. 18. ed. São Paulo: Cultrix, 2011.

WIEVIORKA, Michel. *Em que mundo vivemos?* Trad. Eva Lancha, Fábio Landa. São Paulo: Perspectiva, 2006.

YOUNG, Jock. *A sociedade excludente*: exclusão social, criminalidade e diferença na modernidade recente. Trad. Renato Aguiar. Rio de Janeiro: Revan, 2015.

ZAFFARONI, Eugênio Raúl. *Em busca das penas perdidas*: a perda da legitimidade do sistema penal. Trad. Vania Romano Pedrosa, Amir Lopez da Conceição. Rio de Janeiro: Revan, 2015.

ZIZEK, Slavoj. *Alguém disse totalitarismo?*: cinco intervenções no (mau) uso de uma noção. Trad. Rogério Bettoni. São Paulo: Boitempo, 2013.

ZIZEK, Slavoj. *Pandemia*: Covid-19 e a reinvenção do comunismo. Trad. Artur Renzo. São Paulo: Boitempo, 2020.

| | |
|---|---|
| 1ª edição | novembro 2021 |
| impressão | rotaplan |
| papel miolo | pólen soft 80g/m² |
| papel capa | triplex 300g/m² |
| tipografia | farnham e alternate gothic |